DAY by DAY

作者◎李朵拉

下飛機Day by Day，愛上舊金山

太雅

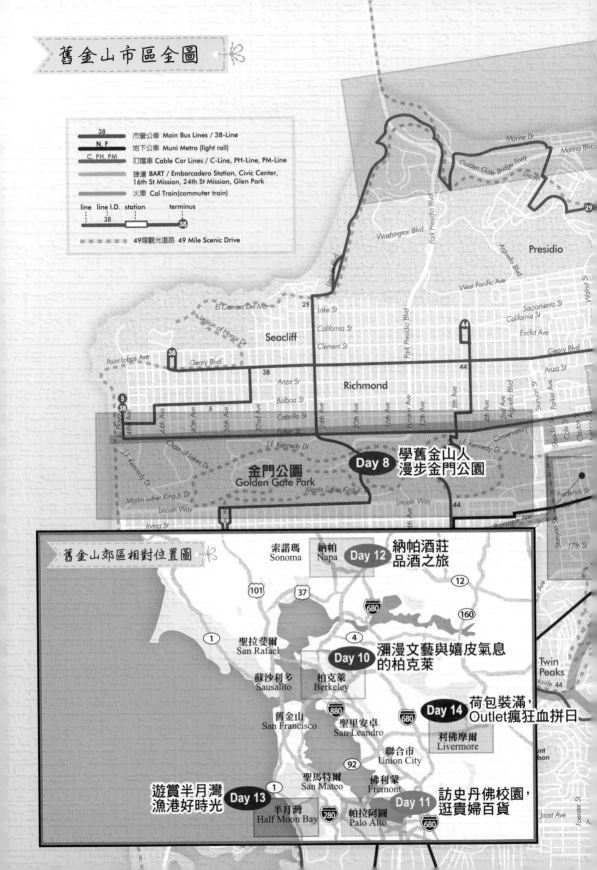

舊金山市區全圖

市營公車 Main Bus Lines / 38-Line
地下公車 Muni Metro (light rail)
叮噹車 Cable Car Lines / C-Line, PH-Line, PM-Line
捷運 BART / Embarcadero Station, Civic Center, 16th St Mission, 24th St Mission, Glen Park
火車 Cal Train(commuter train)

line   line I.D.   station   terminus
38   38   38

49哩觀光道路 49 Mile Scenic Drive

Day 8 學舊金山人 漫步金門公園

金門公園 Golden Gate Park

舊金山郊區相對位置圖

納帕酒莊 品酒之旅 Day 12

索諾瑪 Sonoma
納帕 Napa

瀰漫文藝與嬉皮氣息 的柏克萊 Day 10

聖拉斐爾 San Rafael
蘇沙利多 Sausalito
柏克萊 Berkeley

荷包裝滿，Outlet瘋狂血拼日 Day 14

舊金山 San Francisco
聖里安卓 San Leandro
利佛摩爾 Livermore
聯合市 Union City

遊賞半月灣 漁港好時光 Day 13
佛利蒙 Fremont

訪史丹佛校園，逛貴婦百貨 Day 11

聖馬特爾 San Mateo
半月灣 Half Moon Bay
帕拉阿圖 Palo Alto

Day 1 Let's Go！
單車征服金門大橋

漁人碼頭
Fisherman's Wharf
Pier 45　Pier 41　Pier 39
Pier 43½

Day 2 讓你瘋狂玩一天的碼頭

Pier 31
Pier 27

Aquatic
Park

貴族山
Nob Hill

濱海區
Marina

北灘、電報山
North Beach &
Telegraph Hill

TREASURE
ISLAND

Pier 7

金銀島逛跳蚤市場
夜晚嗨小酒館

Day 9

Pier 1

Day 6 噹噹噹～
搭著叮噹車玩一天

中國城
China Town

Embarcadero Golden Gate
Transit Ferry Station

YERBA
BUENA
ISLAND

金融區、
恩巴卡德羅中心
Financial District
Embarcadero

聯合廣場
Union Square

Montgomery
St. Station

日本城
Japantown

市政中心
Civic Center

Powell St.
Station

VISTOR'S
CENTER

Pier 30

Pier 34

Pier 38

Pier 40

Day 4 閒逛特色街區
海斯村

Civic Center
Station

Van Ness
Station

Day 7 全壘打！
來棒球場瘋一下

Pier 48

下城區
SOMA & Yerba Buena Gardens

Pier 50

Day 5 走進嬉皮海特區
與彩虹卡斯楚

Pier 54

Pier 64

16th St.
Station

Pier 68

KM Castro St.
Station

卡斯楚街
Castro Street

Mission
Dolores
Park

教會區
Mission
District

Day 3 漫步米慎區
墨西哥風情

24th St.
Station

Pier 70

Bayview

Glen
Canyon
Park

Glen Park
Station

Hunters Point

下飛機Day by Day，愛上舊金山

14天 × 精華路線

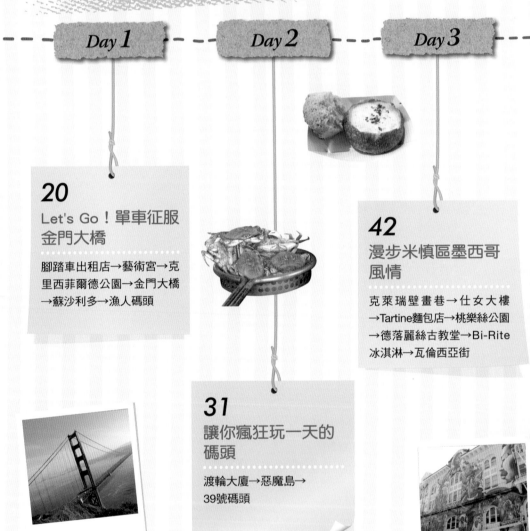

Day 1

Day 2

Day 3

舊金山，是個怎樣的地方

下飛機Day by Day，愛上舊金山

路線地圖看這裡

Day 11 --- Day 12 --- Day 13 --- Day 14

142
近郊遊
遊賞半月灣漁港好
時光

Fitzgerald海洋生態保護區
→Sam's Chowder House→
市場街→麗池飯店

121
近郊遊
訪史丹佛校園，
逛貴婦百貨

Filoli Garden→史丹佛大學
→史丹佛購物中心→Philz
Coffee→大學街→Umaml
Burger

151
近郊遊
荷包裝滿，Outlet
瘋狂血拼日

商場A區→商場B區→商場C
區→商場D區

131
近郊遊
納帕酒莊品酒之旅

羅伯特 蒙大維酒莊→薩圖依
酒莊→作品一號酒莊→香東
酒莊→ad hoc

作者序

與舊金山共譜美麗的一頁

　　每一年我和「哈斯本」都會在Union Square前的聖誕樹合照,這是我們倆交往的小傳統,每年的基本行程;今年照片中多了女兒茉茉,每每想起,總覺得緣份真的很奇妙,我是在這個城市認識他,然後開始人生第一份工作、養了隻狗、漸漸地落地生根。我們一起認識在地烘焙的有機咖啡、跑農夫市場和小販博感情,探索著一間一間新餐廳,生活中的美好細節就這樣慢慢醞釀成我的舊金山記憶。然而,我並不滿足於此,身為遊子,多少有些地理上的情感歸屬,我想家想念朋友,於是開始寫部落格、拍照片,試圖藉由分享,讓舊金山也可以成為他們的專屬記憶,某種程度對我而言,若沒有他們,舊金山便不存在。

　　很幸運在這分享的過程中,遇上了「太雅出版社」,總編輯芳玲和主編焙宜井井有條的將我這些年在舊金山的生活,編輯成一本我所愛慕的舊金山,我們精挑細選了這座城市的各種風景,甚至這座城市的脾性、熱情和優柔雅致,也都一一訴說;這是一本旅遊書嗎?是的,但它更是一場尚未結束的冒險,期待正在看的讀者們能延續故事,讓舊金山躍然於接續的扉頁上。

　　本書的最後,要感謝徐苔鳳,若沒有她,這本書就不會有開始。撰寫本書時,我也正好懷孕,感謝灣區最帥彭彭,上山下海的帶著孕婦拍照,並在期間無條件的支持我,you are my best friend and lover;感謝我的寶寶Mollie,妳的出生完整我的人生;感謝家人和情義相挺的朋友們,在我最後孕期無法外出拍照時,大方的給我許多珍藏照片,感恩的心,感謝旅途上的每個人。

李朵拉

關於作者／李朵拉

台灣桃園人。美國University of Florida公關碩士畢業。

畢業後曾在舊金山的廣告公司擔任文案,也曾幫周杰倫美國演唱會做活動規畫。目前定居美國舊金山灣區,有一隻法鬥和一個可愛的女兒,閒暇時喜歡泡咖啡館,上農夫市場,試新的甜點店,並在臉書有個粉絲團「Have a nice day」,不定時分享在舊金山的小生活。

FB:www.facebook.com/HaveANiceDaySf

編輯室提醒

出發前,請記得利用書上提供的data再一次確認。

每一個城市都是有生命的,會隨著時間不斷成長,「改變」於是成為不可避免的常態,雖然本書的作者與編輯已經盡力,讓書中呈現最新最完整的資訊,但是,我們仍要提醒本書的讀者,必要的時候,請多利用書中的電話,再次確認相關訊息。

資訊不代表對服務品質的背書。

本書作者所提供的飯店、餐廳、商店等等資訊,是作者個人經歷或採訪獲得的資訊,本書作者盡力介紹有特色與價值的旅遊資訊,但是過去有讀者因為店家或機構服務態度不佳,而產生對作者的誤解。敝社申明,「服務」是一種「人為」,作者無法為所有服務生或任何機構的職員背書他們的品行,甚或是費用與服務內容也會隨時間調動,所以,因時因地因人,可能會與作者的體會不同,這也是旅行的特質。請讀者培養電話確認與查詢細節的習慣,來保護自己的權益。

謝謝眾多讀者的來信。

過去太雅旅遊書,透過非常多讀者的來信,得知更多的資訊,甚至幫忙修訂,非常感謝你們幫忙的熱心與愛好旅遊的熱情。歡迎讀者將你所知道的變動後訊息,提供給太雅旅行作家俱樂部taiya@morningstar.com.tw

太雅旅行作家俱樂部

如何使用本書

　　來到舊金山，有各具特色的咖啡館、讓你玩到鐵腿的碼頭、女生們最愛的逛街區、品酒人士的納帕酒莊等等，每一區都有極不同的特色。在這偌大的城市，你不需規畫行程，只要跟著本書Day by Day，就可輕鬆擁有令你收穫滿滿的旅程。

▲ 一日行程特色

▶◀ 一整天路線安排

提供行程的串連、各景點停留時間、景點間的交通方式。還有一日花費小Tips，讓你遊玩不超支。

飲食豆知識小Box

飲食裡蘊含許多的文化與小趣味，了解當地美食知識，讓旅遊更有深度。

▲ 各路線地圖

該天路線的周邊地圖，讓你走逛不迷路。附有交通對策小Box，使你對今天行程的交通更有概念。

遊玩鐵則小Box

提供一般旅遊資訊裡找不到的個人經驗分享與提醒。

創新時間軸閱讀法

▼ 每一條路線以時間標記為主要概念，什麼時間遊玩哪個景點，輕鬆玩一天。

Day 4

1 舊金山市政廳
San Francisco City Hall

▲ 政治權力中心，布是新人的婚紗的最愛

市政廳大廳

雕花窗大門

市政廳外觀

Start　09:30~10:30　11:30~13:30

2 Stacks餐廳
Stacks

▲ 分量澎湃，元氣十足的百匯早午餐

3 海斯村
Hayes Valley

▲ 悠閒漫步於經過大道區小店

Hayes Valley

13:30~16:30　16:45~17:45

4 阿拉莫廣場
Alamo Square

該景點所指的時間，代表停留時間

13:30~16:30

景點排程的順序

4 阿拉莫廣場
Alamo Square

Steiner St & Hayes St San Francisco, CA

58　59

特輯放大鏡

▼

重要景點裡許多好吃好玩的店，或更多精彩內容等，都在專題裡深度介紹。

瓦倫西亞街 的走跳地圖

50　51

舊金山 住宿推薦

CLIFT Hotel

▲ 住宿推薦

旅遊工具箱

162

▲ 旅遊工具箱

內文資訊符號

✉ 地址		http 網址	
☎ 電話		➡ 前往方法	
MAP 地圖位置		!? 注意事項	
🕐 營業・開放		$ 價格・費用	

地圖資訊符號

1 景點的順序		📷 其他景點	
🚇 捷運BART		🍴 美食餐廳	
🏠 住宿旅館		🛍 購物商店	
80 州際高速公路 (Interstate Highways)			
101 美國國道 (U.S. Highways)			
29 州內公路 (State Highways)			

玩舊金山，行李該怎麼帶？

 保暖或防風外套，採多層次穿法

舊金山日夜溫差會到10度，所以攜帶的衣服，以多層次穿法為主。很多人都說舊金山的夏天比冬天還冷，白天雖然看起來陽光普照，但風吹起來是透心涼，冷到打哆嗦，所以一定要多準備一件保暖的棉質外套或防風外套；其他季節拜訪，就多帶上圍巾跟手套。

 墨鏡

加州一年四季陽光普照，記得一定要帶墨鏡。

 保濕保養品及盥洗用品

由於氣候乾燥，除了防曬外，攜帶的保養品要加強保溼。另外，飯店一般不提供牙膏跟牙刷，也很少有室內拖鞋，別忘記自行攜帶。

 個人藥品

多準備一些腸胃藥、感冒藥和頭痛藥，以備不時之需。

12

舊金山必搜
Key Word

叮噹車

藝術宮

金門大橋

有舊金山靈魂
象徵之美稱

嬉皮文化

酸麵包濃湯

舊金山巨人隊

渡輪大廈

金銀島

金門公園

全美最大的城市
公園之一

九曲花街

Dungeness螃蟹

聯合廣場

餐車街食

藍瓶子咖啡

ALCATRAZ ESCAPE FILES
FROM THE OFFICIAL RECORDS

好吃好玩的
觀光碼頭

漁人碼頭

惡魔島

壁畫巷

納帕酒莊

獨有的美食記憶

對愛吃的人來說,能不停開發好吃的美食小店是一種無止盡的樂趣。而「渡輪大廈」本身就是一個舊金山美食小縮影,有當地自家經營的食鋪餐廳,和體驗當地人生活的農夫市場;或到「Hayes Valley」和「Mission District」找尋難忘的甜點和小吃店;愛嘗鮮湊熱鬧的人,可以到「餐車市集」感受一下美式路邊攤的魅力;至於喜歡摘星星的饕客和葡萄酒愛好者,鄰近的「Napa」酒鄉,有米其林星級的美食。

愛上舊金山的理由

飄著咖啡香的城市

舊金山的咖啡魅力，不僅僅是在「喝咖啡」，更在於感受這裡的人聲、氣味和建築；在這，自家烘焙豆的咖啡店不少，每間都有自己的味道和獨有的風格，也各自擁有死忠擁護者，不論是「Blue Bottle」口感綿密的拿鐵、「Fourbarrel」略帶酸味的美式咖啡，或是炎炎夏日裡「Philz」的薄荷咖啡，在這座城市裡的街角巷弄，一定可以找到讓你滿意的咖啡角落。

24小時的活力

「惡魔島」的監獄風雲、單車橫跨「金門大橋」、「39號碼頭」的遊樂天堂、「Half Moon Bay」的南瓜節、「叮噹車」的冒險之旅、「金門公園」裡逛不完的博物館和花園、如詩如畫的「藝術宮」、大聯盟棒球賽和「桃樂絲公園」草皮上的瑜珈課跟野餐，還有夜晚的小酒館和夜店……超多細數不完的活動，舊金山想一天玩完？別鬧了！

原來這就是自由

舊金山是一個對不同文化和人權都很寬容的城市。走在「Mission District」，巷弄街角的壁畫和異國風情的拉丁音樂，融合了墨西哥移民的新舊文化；「中國城」的興衰見證了華人的辛勤和堅毅；世界聞名的同志村「卡斯楚」飄揚著巨大的彩虹旗。舊金山幾乎是對同志最寬容的城市，而當年愛之夏的嬉皮運動，至今仍未被遺忘，走一趟「海特區」便能感知一二。在這座城市裡，你的離經叛道絕對不是一件特別的事。

打折的快感不是用錢買得到的

買東西是一門藝術，是一種活在當下的樂趣，買到特價又實惠的東西，更是一種說不出的爽感。在無時無刻都有折扣的舊金山，不費力就可以撿個便宜。也可以到「金銀島」的跳蚤市場，來趟淘寶之旅，在小販你來我往的喊價過程中，找到獨一無二的古董商品。買得不夠，鄰近的「Livermore Outlet」絕對讓你荷包失血，滿載而歸。

動手做一道當地料理

BEST
Design Source

焦烤海鮮一直是一道吃不膩的料理，不僅味道香濃，豐富的餡料總是讓人口水直流，其實焦烤很簡單做，只要有家用小烤箱，就能做出不輸店家的焦烤美食。而舊金山的Boudin蛤蠣海鮮濃湯罐頭，一直是人氣暢銷伴手禮，只要簡單加熱就是一碗好喝的濃湯，除此吃法，也可以利用濃湯罐頭替代焦烤使用的白醬，再依個人口味，加入各式不同的海鮮，就是一道營養又健康的懶人好菜。

焦烤海鮮

料理時間：30分鐘
料理難度：★
當地食材：Boudin
蛤蠣海鮮濃湯罐頭
分量：4～6人份

〔材料〕

Boudin蛤蠣海鮮濃湯罐頭	1罐
蘑菇	3～5顆
洋蔥	1/4顆
馬鈴薯	1/2顆
蛤蠣	適量
蝦子	適量
馬芝瑞拉起司絲	適量
黑胡椒粉	少許
巴西里末	少許

〔做法〕

1. 將蔬菜洗淨，切成適當大小。
2. 蛤蠣泡水吐砂，蝦子去殼去腸泥切丁。
3. 洋蔥小火炒香後，再將蘑菇跟馬鈴薯加適當水煮軟。
4. 把所有食材放置烤皿盤中，加入蛤蠣海鮮濃湯罐頭。
5. 鋪上適量馬芝瑞拉起司絲，上頭撒些橄欖油和黑胡椒粉，230℃烤成金黃色，烤好出爐後，灑點巴西里末做調味。

14條
一日行程 ✕ 舊金山

(©Justin Chang張怡德)

(©Yang

Day 1

Let's Go！單車征服金門大橋

　　暖好身，今天要騎著單車遊遍舊金山知名景點。從「漁人碼頭」出發，沿著海邊一路騎到如詩如畫的「藝術宮」、途經有美麗草原的「Crissy Field」、再到鎮守金門大橋的堡壘「Fort Point」，用相機捕捉金門大橋的雄偉身影，最後，一口氣橫跨金門大橋，抵達歐洲風情的海濱小鎮「Sausalito」，在這搭乘渡輪回到漁人碼頭，完成今日單車之旅的壯舉。夜晚的碼頭熱鬧無比，選間熱鬧的小店和好友家人大吃美食、乾杯暢飲，紀念這單車橫跨舊金山的一天。

Day 1 路線 *Plan*

>>Let's Go！單車征服金門大橋

Start

09:00 ~ 09:30

🚲 單車15分鐘

① 腳踏車出租店

工欲善其事，必先利其器。簡單幾點注意事項，讓你輕鬆搞定腳踏車租借。

09:30 ~ 11:00

② 藝術宮

原本為太平洋博覽會而建，搖身一變成為舊金山必訪的景點，這座佇立在湖旁的夢幻宮殿，隨便拍都如詩如畫。

🚲 單車8分鐘

11:00 ~ 12:00

③ 克里西菲爾德公園

從藝術宮到金門大橋這段，是一片超大綠地跟天然海灘。以金門大橋為背景，在草皮上盡情跳躍，留下一張張活潑的照片吧！

🚲 單車10分鐘

12:00 ~ 14:00

④ 金門大橋

零死角的金門大橋，不論天晴還是起霧，每個角度都超美，準備好你的相機，一不小心很容易拍到沒電。

🚲 單車25分鐘

14:00 ~ 17:00

⑤ 蘇沙利多

沿著彎曲山路往下騎，終點是一個熱鬧的海濱小鎮，這裡無憂無慮的悠閒步調，非常有地中海風情。

⛴ 渡輪20分鐘

Goal

17:30 ~ 21:00

⑥ 漁人碼頭

搭乘渡輪回到碼頭，感受一下夜晚大街的熱鬧，再來頓豐盛的晚餐趕走一天的疲累。

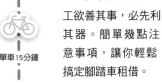

一日花費小Tips

*以下幣值以美元計算。

腳踏車出租	$25
藝術宮參觀	免費
克里西菲爾德公園	免費
金門大橋參觀	免費
午餐	$10
回程渡輪	$10.25
漁人碼頭晚餐	$20
Total	$65.25

|交・通・對・策|

單車遊金門大橋有幾條不同的路線，每個路線難易度不同，本書提供的是最容易達成的簡易路線，雖然說是最容易達成，但大半天騎下來，平常沒有運動習慣的人可能還是有點吃力，畢竟在登上金門大橋前，可是有兩段頗陡的上坡路要克服，但相信我，就只有這兩段上坡路較辛苦，過了就海闊天空囉！如果是不擅長騎車的朋友，不妨和朋友合租協力車或電動車，也是一種輕鬆遊遍景點的方法。

5 蘇沙利多
Sausalito

📷
惡魔島
Alcatraz Island

101

San Francisco Bay

101

4 金門大橋
Golden Gate Bridge

漁人碼頭
Fisherman's
Wharf

*Pacific
Ocean*

📷
海角堡
Fort Point

克里西菲爾德公園
Crissy Field

3

6

101

Bay Street

North Beac
北灘

Marina Blvd

Marina District
海洋區

Columbus Ave

Lincoln Blvd

101

101

2

101

Russian Hill
俄羅斯山

Van Ness Street

藝術宮
Palace of Fine Arts

1

Fillmore Street

腳踏車出租店

● 單車遊，簡單又好玩

1 腳踏車出租店
Bike Rentals

遊玩鐵則
建議出發前先準備水、三明治跟零食點心，方便隨時休息跟就地野餐。

可愛的單車二人組

Bike and Roll腳踏車出租 ✉ 353 Jefferson St San Francisco, CA 94133 ☎ 415 771 7358 ◉ 週一～日08:00～20:00 http www.bikethegoldengate.com MAP P.30
Bay City Bike腳踏車出租 ✉ 2661 Taylor St San Francisco, CA 94133 ☎ 415 346 2453 ◉ 週一～五08:00～19:00，週六～日08:00～20:00 http baycitybike.com MAP P.30

舊金山有許多單車出租的公司，比較知名大間的有：Bay City Bike、Bike and Roll與Blazing

店員會仔細解說路線

各式腳踏車，任君選擇

Saddles，各自都有數家出租據點，主要集中在漁人碼頭附近。租單車要留意幾點：1.建議先到市區的遊客中心拿Coupon券，至少可以折抵5美元，店家網站有時也有15％不等的折扣。2.注意甲地乙還是否要加錢，有些公司是會酌收4美元不等。3.店家怕顧客騎車一去不回，會要求刷張空白信用卡簽單當押金或是押證件，還車時都會退回。4.租車完成後，店員會解說路線跟所需時間，請衡量個人體力選擇適合路線，以免鐵腿跟錯過回程渡輪時間。5.有些店家有提供電動單車出租，輕鬆省力，但一日出租價錢貴20美元不等。

Start ⟶ 09:00～09:30 ⟶ 09:30～11:00 ⟶

● 新古典主義的華麗宮殿

2 藝術宮
Palace of Fine Arts

✉ 3301 Lyon Street San Francisco, CA 94123 ➡ Muni公車30，43，28，29 ☎ 415 563 6504 ◉ 全年無休 http www.palaceoffinearts.org/Welcome.html MAP P.22

知名的德裔建築師梅貝克(Bernard Maybeck)為了巴拿馬太平洋萬國博覽會(Panama Pacific Exhibition)所設計的藝術宮，建於1915年，在當時吸引了近1,800萬遊客參觀，但隨著博覽會結束，宮殿逐漸廢棄。直到1962年，經由政府重新整修，才成為今日夢幻的藝術宮殿，是新古典主義的代表建築。

藝術宮圍繞著一片人工湖，湖水寧靜而優美，上面不時有水鴨跟天鵝游走，倒映著雄偉對稱的圓頂大廳，很像一幅古典的歐洲名畫，

單車遇上藝術宮

讓人有種時光錯亂的感覺。走在其中，處處可見精雕細琢的玫瑰紅石柱，上頭布滿了古典的浮雕跟繁複的裝飾，在廊柱的頂端，有幾座哭泣女人的雕像，她們反身憂鬱的倚著，象徵著

接下頁 ➡

沉思、驚奇和冥想。圓頂上精細的油畫也是另一個值得注意的裝飾品，畫中的女體、裸男和人馬獸，代表著希臘文化，爲美麗而奮鬥的精神。

這美麗的場景，吸引很多電影到此取景，像是《絕地任務》等等，加州迪士尼樂園也仿製一個迷你的藝術宮在其冒險樂園中。而藝術宮周邊的房子也美得像童話屋，是很多新人喜歡的婚紗照場景。

湖泊環繞的宮殿是電影場景的常客

高聳的拱門是新古典主義代表
(©Justin Chang張怡德)

精雕細琢的廊柱
(©Justin Chang
張怡德)

偶有裸騎活動經過，是舊金山獨有的風景

09:30～11:00

● 親眼瞧瞧鬼斧神工的大橋

4 金門大橋
Golden Gate Bridge

✉ Hwy 101 San Francisco, CA 94129　➡ Muni公車28，29，76，在Golden Gate Bridge Toll Plaza下　☎ 415 921 5858　◷ 全年無休，紀念商品店週一～日09:00～18:00　http www.goldengatebridge.org　MAP P.22

金門大橋是一個人定勝天的傳說，這座世界上第三長的懸吊式大橋，深拴在海底重達5萬公噸的水泥柱裡，可以承受近2,900萬公斤的拉力，橋上是一根根巨型橋纜，總數高達2萬7千5百根，足以繞地球3圈，不親眼所見這個鬼斧神工的大橋，不能體會什麼叫做建築史上的傳奇。而這偉大的作品，是在總工程師史特勞斯(Joseph B. Strauss)帶領

支撐金門大橋的紅色巨柱

→史特勞斯雕像

下完成的，他的雕像就屹立在廣場上，讓參觀的遊客可以仰望致意一番。

來到金門大橋，一定要瘋狂的捕捉它的倩影，最佳的拍攝景點和時間分別是：早晨時間，位於南面正下方的Fort Point可拍攝到浪打堤岸畫面；其他有名的點像是Vista Point和The Marina，視野都極佳。下午則是Baker Beach和Marin County西側山上，這裡相當熱門，常常車位難求。其中Baker Beach一直是我最喜歡觀看金門大橋的地方，可以清楚看到橫跨兩座山頭的大橋，夕陽西下時，美不勝收。

● 碧綠草地與海灘，散步的好地方

3 克里西菲爾德公園
Crissy Field

✉ 1199 E Beach Presidio San Francisco, CA 94129 ➡ 公
車10，30，70，76，在Golden Gate Bridge Toll Plaza下 📞
415 561 7690 🕐 全年無休 🌐 www.parksconservancy.
org/visit/park-sites/crissy-field.html 🗺 P.22

↑腳踏車的倒影在
克里西菲爾德公園
(©Justin Chang張
怡德)
→沙坑漥地

昔日這裡是美國軍隊所掌控的防衛要塞，
經過重新整頓跟修護，在2001年開放給民眾使
用，公園有大片碧綠的草地跟天然海灘，很適
合遛狗、放風箏跟散
步。沒有起霧的時
候，還可以看到紅色
壯觀的金門大橋佇立
在眼前，是很好的拍
照景點；目前，舊金
山現代藝術博物館也

蘇菲諾的大型鋼鐵雕塑作品

在 這 展 出 8
座由義大利
藝術家蘇菲
諾(Mark Di
Suvero)所設計的巨型鋼鐵製雕塑，每件都高達
40～50英尺，作品分別代表著平衡、和平、毅
力、友誼、夢想跟金門橋等主題，爲公園更添
藝術氣息。

11:00～12:00　　　　**12:00～14:00**

也因爲這裡的海灣地形，金門大橋非常容
易起霧，不論是清晨或下午，常可以看到霧鎖
大橋的景致，有時候只是迷霧環繞，還隱隱約
約可以看到巨大的橋紅色橋身，也別有一番美
麗浪漫之感，但大多時候，整個霧會將大橋籠
罩著，什麼也看不到，所以如果你來到金門大
橋，看到了完整的橋身，算是相當幸運喔！

偶爾會有浪花上岸(©Weimin Huang)

美麗的金門大橋(©Yang Li)

● 充滿歐洲風情的海濱小鎮

5 蘇沙利多
Sausalito

✉ 熱鬧商家多集中在Bridgeway街上　➡ Muni公車2，10，92，在Hwy 101 & Monte Mar Dr下　⏰ 每間店不一，建議上網查詢　🌐 www.ci.sausalito.ca.us　🗺 P.22

遊玩鐵則
回程的渡輪船票很容易售完，建議先購買好，再逛小鎮，以免錯過發船時間。

各式紀念商店林立

緩慢的人行步調、五顏六色的小別墅、隨處可見的遊艇海屋，這裡是一個具有地中海風情的海濱小鎮，居民大多是歐洲大陸移民過來的後裔，探險家亞約拉(Juan Manual de Ayala)在發現這個充滿綠意的小島後，將此地取名為「Saucelito」，是西班牙語中「小柳樹」的意思，有趣的是，我並未在此發現小柳樹，但美麗舒服的景致就如同柳樹般迎風飄逸。

來到這，有3樣不可錯過的人氣排行榜：漢堡、冰淇淋及石頭藝術家。店名就叫「Hamburgers」的火烤漢堡店，小小的店面總是擠滿排隊人潮，他們的漢堡不是走多汁路線，但也不致於太乾，很多在地人喜歡那炭火直烤的焦香味，我個人是覺得分量很大，口味

- - - - - - - - - - - - - - - - `14:00～17:00` - - - - - - - - - - -

● 人氣餐館林立的觀光碼頭

6 漁人碼頭
Fisherman's Wharf

✉ 熱鬧商家多集中在Jefferson街上　➡ Muni公車10，15，30，47或搭乘Powell－Hyde線叮噹車　⏰ 大部分店家跟景點營業時間為週一～五10:00～21:00，週六～日09:00～21:00　🌐 www.fishermanswharf.org　🗺 P.22

人氣拍照景點

漁人碼頭是舊金山最炙手可熱的觀光景點，遠處可以看到一個巨大的圓形舵輪矗立在岸邊，上頭有大螃蟹圖案並寫著Fishermans Wharf of San Francisco，這是這裡著名的地標，也是漁人碼頭的中心點，每年都吸引成千上萬的遊客前來。60年代之前，這裡是義大利漁民聚集之地，有些餐館和酒吧，但隨著漁獲量漸少，逐漸被旅遊觀光業取代，現在是數不盡的餐館酒吧、特色商店、和海鮮市場等等；你可以吹著舒服的海風，輕鬆放慢腳步，看看新奇有趣

因人而異。另一間是「Lappert's Ice Cream & Yogurt」，不論春夏秋冬，這裡的手工冰淇淋和優格總是大排長龍，等不及的話，大街往下走有第二間分店，但口味選擇較少。最後就是迎風卻不倒的石頭堆疊，每到假日，便會看到一位老人在海岸的岩石堆中爬上爬下，將大小石頭層層堆起，他並沒有使用任何黏著劑卻可以讓石頭屹立不搖，非常神奇，遊客們常圍觀拍照，也算這裡奇特的風景之一。

想避開大街上的觀光人潮，卡拉多尼亞街(Caledonia St.)是當地人的最愛，街上有許多小店、有機超市跟餐館，其中最富盛名的「Sushi Ran」，可是被評為灣區前5名的日本料理餐廳，標榜使用最新鮮的海鮮食材，常常店一開門就坐滿客人，但價錢也是出名的貴喔！

大人小孩都愛的冰淇淋店

大排長龍的Lappert's 冰淇淋店

假日總會看到這位堆疊石頭的神奇老人

17:30~21:00　　　　**休息囉**

→加州熊紀念商品在這也找得到

的紀念商品、聽聽街頭藝人演奏表演，以不同方式體驗傳統的漁港。

Dungeness螃蟹和酸麵包巧達湯是這裡的人氣美食。位於45號碼頭前，有一排海鮮大排檔，販售著一隻隻剛蒸好的新鮮螃蟹，陣陣的香氣配合著小販的叫囂，讓人食指大動，很多跟團的遊客會在此吃上一餐，但對於我這樣的吃貨，我還是比較偏愛渡輪大廈裡的海鮮料理餐廳「Hog Island」。而提到酸麵包巧達海鮮湯，就一定要嘗一下創始店「Boudin Sourdough Bakery」，喝起來口感濃郁、湯頭鮮美，是這最受歡迎的美食，不可錯過。

街頭藝人吹奏動人音樂

碼頭標誌的磁鐵是紀念品首選

新鮮料多的蟹蝦料理

熱鬧的漁人碼頭，還有許多好吃的…

招牌酸麵包巧達濃湯

罐裝巧達湯是人氣伴手禮

Boudin Sourdough Bakery and Café波丁酸麵包

酸麵包算是舊金山獨有的名產，起源於1849年，由Isidore Boudin發明，將酵母混合麵粉，發酵後再製成麵包，外皮吃起來韌度十足、充滿嚼勁，內層則是帶著微微酸味、鬆軟可口。他在漁人碼頭創立的波丁酸麵包店，至今已超過百年歷史，是舊金山歷史最悠久的麵包工廠，時至今日，仍堅持每日出爐，為客人新鮮烘焙每個波丁酸麵包。

來到這必點的就是酸麵包湯，圓圓大大的麵包碗，中間挖空盛上熱騰騰的巧達蛤蠣海鮮濃湯，兩者的巧妙結合，造就其獨一無二，不可複製的特殊風味，是「波丁」的招牌也是必嘗的舊金山美食，在漁人碼頭常看到人手一碗。老饕的吃法是一邊喝湯、一邊將麵包內餡拌進湯中以吸收濃湯精華，輕鬆讓美味升級。如果想要更了解波丁酸麵包工廠的歷史，看看他們獨家製作的過程跟配方，位於2樓有間歷史博物館，每天11:30～21:00開放參觀。

✉ 160 Jefferson St. San Francisco, CA 94133 ◷ 週一～四、日08:00～21:30，週五～六08:00～22:00 ☎ 415 928 1849
http www.boudinbakery.com MAP P.30

飲食豆知識

4種你必須知道的祕密菜單
1. Animal Style：融化的起司、炒碎洋蔥、醃黃瓜、芥末，加上特殊醬料鋪在薯條或漢堡上，就成了這道人氣第一的餐點。
2. Flying Dutchman：肉食者的最愛，2片牛肉餅加上2片起司，不加生菜與麵包。
3. Protein Burger：以萵苣生菜取代麵包，適合怕胖的女孩。
4. Neapolitan Shake：香草、草莓和巧克力3種口味混合而成的奶昔。

Animal Style漢堡

Taco套餐

✔IN-N-OUT Burger漢堡店

　　沒吃過IN-N-OUT，就不算到過加州，這兒的漢堡美味多汁，是不可錯過的人氣美食。雖然菜單上只有3種選擇，但一直超受歡迎的祕訣在於：使用未經冷凍、無添加化學物的牛肩胛肉做漢堡排；手工剝洗的萵苣葉、番茄、碎黃瓜和洋蔥；用100%蔬菜油炸薯條；全鮮奶的冰淇淋奶昔。堅持新鮮手工現做，讓它輕鬆打敗各大速食店，成為加州人最愛的國民美食。

📍 333 Jefferson St. San Francisco, CA 94133 🕐 週一～日 10:00～01:30 📞 800 786 1000 http www.in-n-out.com MAP P.30

→小朋友記得索
取免費店長帽喔

✔Chipotle Mexican Grill墨西哥捲餅店

　　Chipotle是很多留學生的共同回憶，還記得剛來美國的時候，1份要分2餐才吃得完，而現在則是輕鬆吃完一份，還可以再來個甜點，真是汗顏。Chipotle指的是一種墨西哥辣椒，這間速食店很像自助餐，首先你要選擇主食，共4種：Burrito(墨西哥捲餅)、Burrito Bowl(配料混在碗裡，不加餅皮)、Taco或Salads。每樣都可以自由選擇餡料：有牛排塊、醬牛肉、豬肉、雞肉和豆腐；最後選定你要的配料如米飯、豆類、酪梨、青椒洋蔥等，然後再加上醬料，非常美味而且清爽，喜歡墨西哥料理的人一定要吃吃看，大推。

✉ 333 Jefferson St. San Francisco, CA 94133 🕐 週一～六 11:00～22:00，週日11:00～16:00 📞 415 500 3533 http www.chipotle.com/en-us/Default.aspx MAP P.30

漁人碼頭周邊景點

● 45號碼頭
Pier 45

Embarcadero N st

海鮮大排檔

Chipotle Mexican Grill
墨西哥捲餅店

It's Sugar
糖果店

波丁酸麵包
Boudin Sourdough
Bakery and Café

雷迪森飯店
Radisson Hotel ●

Hyde St

Jefferson St
IN-N-OUT
Burger漢堡店

瘋狂T-shirt
紀念品店

Bike and Roll
單車出租

● Bay City Bike
單車出租

希爾頓飯店
Sheraton Hotel ●

星巴克
Starbucks

罐頭場
Cannery

Beach St

吉拉德巧克力廣場
Ghirardelli Square

Larkin St

Leavenworth St

Jones St

Taylor St

Mason St

✄Ghirardelli Square吉拉德巧克力廣場

淘金熱時期，由義大利先生Domingo Ghirardelli所建立的巧克力工廠，現在改建成無數商家和餐廳，是舊金山著名的歷史景點，在這可以品嚐到Ghirardelli先生所開發調配的夾心巧克力，還可以在Ghirardelli巧克力總店吃到「熱」的冰淇淋聖代和各種巧克力食品。

推薦店內的巧克力聖代，香草口味的冰淇淋上面淋著濃濃現融的巧克力醬，最後灑上杏仁脆片跟奶油，絕對能喚起心中的甜食魂；想嘗鮮好玩的話，可以點一份以地震(Earthquake)為名的超大冰淇淋，8球冰淇淋，加上8種不同配料、香蕉、堅果和莓果類製成，冰如其名，巨大容易倒塌！冬天怕冷則可以喝上一杯熱巧克力，暖暖手跟胃，好不滿足。

廣場內還有許多很棒的店家，像是kars's的杯子蛋糕，除了造型吸睛可愛外，口感也不錯，濕潤的

kars's 杯子蛋糕
冰淇淋聖代

蛋糕體配上甜而不膩的奶油，很容易讓人一個接一個，推薦Red Velvet 口味。而Jackson & Polk是一間專賣各式新奇小物的店，店家自選了很多有趣的書、創意卡片跟設計小物，很容易讓人愛不釋手，一不小心就買開。

....

✉ 900 North Point Street San Francisco, CA 94109　🕐 各間店營業時間不一，建議上網查詢　📞 415 775 5500　🌐 www.ghirardellisq.com　MAP P.30

讓你瘋狂玩一天的碼頭

　　沿海的舊金山，碼頭港埠在這占有相當重要的地位，現在也發展為知名的觀光景點區，與金門大橋一樣都被列為舊金山必遊景點！33號碼頭上岸，今天要勇闖惡魔島，一窺寒風冷冽的監獄風雲；回到陸地，在渡輪大廈品嘗在地好滋味，讓味蕾來場異國戀；隨後漫步在熱鬧的39號碼頭，眺望海豹，逛遊市集，欣賞港灣的夕陽美景。

Day 2 Plan 路線

>>讓你瘋狂玩一天的碼頭

Start

09:30 ~ 13:10

① 渡輪大廈

要感受當地人的日常生活，最好的方法就是早上走一趟市場，不論是新鮮蔬果、起司、葡

萄酒，這裡應有盡有，許多名餐廳也在這設有分店，是人氣很旺的美食天堂。

步行10分鐘

13:35 ~ 16:45

② 惡魔島

美國歷史上著名的監獄，重新開放參觀後，成為舊金山必遊的經典行程。搭乘渡輪，勇闖與世隔絕的小島，親身體驗一下這惡名昭彰的刑囚之地。

步行10分鐘

↑當年監獄情景照
→嫌犯用的餐具也有販售

Goal

17:00 ~ 22:00

③ 39號碼頭

最熱鬧的綜合購物中心，有吃有玩有得逛，是大人和小孩的遊樂天堂，天氣好的時候，還可以看到成群海獅曬太陽，就在這和好友愛人們看落日、吃海鮮大餐吧！

一日花費小Tips

*以下帶值以美元計算。

渡輪大廈早午餐	$20
惡魔島船票＋門票	$30
39號碼頭晚餐	$20
交通費	$6
Total	**$76**

碼頭最夯景點圖

讓你瘋狂玩一天的碼頭

交・通・對・策

碼頭跟碼頭之間只有一條主要的步行路線。渡輪大廈位於1號碼頭、惡魔島的上船地點位於33號碼頭、好吃好逛的39號碼頭位於最底，而從1號碼頭走到39號碼頭約需30分鐘。在這3個景點之間，有購物商場──內河碼頭中心(1號碼頭斜對街)、科學探索博物館(15號碼頭)和無數的咖啡館和餐廳，都是步行可以到達，如果腳力不好，可以選擇搭乘F線公車從渡輪大廈出發，沿途有停靠7號碼頭和39號碼頭；或是乘坐各碼頭前的人力拉車，車夫通常收20美元不等費用，可議價喔！

3 39號碼頭 Pier 39

33號碼頭 Pier 33

2 惡魔島登船處

27號碼頭 Pier 27

Bay St
The Embarcadero
Chestnut St
Lombard St
Sansome St
Battery St

柯依特塔 Coit Tower

Green St

科學探索博物館 Exploratorium
15號碼頭 Pier 15
海灣大橋觀景處
14號碼頭 Pier 14

Front St

Broadway St
Davis St
Jackson St
Washington St
Drumm St

7號碼頭 Pier 7

3號碼頭 Pier 3

1號碼頭 Pier 1

內河碼頭中心 Embarcadero Center

1 渡輪大廈 Ferry Building Marketplace

ALCATRAZ LANDING

● 饕客出沒的美食天堂

1 渡輪大廈
Ferry Building Marketplace

✉ One Ferry Building, San Francisco, CA 94111　➡ 搭乘
BART或Muni地鐵，在Embarcadero 站下往北走3分鐘(海邊的
方向)　📞 415 983 8030　🕐 週一～五10:00～18:00，週
六09:00～18:00，週日11:00～17:00；感恩節、聖誕節、
新年不對外開放　❓ 農夫市場時間為週二和週四10:00～
14:00，週六08:00～14:00　http www.ferrybuildingmarketplace.
com　MAP P.33

農夫市場的型態各有不同，有的是假日封
街擺攤，有的是結合室內餐廳成為一個美食據
點；這棟矗立碼頭的大鐘樓，昔日是渡輪交通
匯點，現在搖身一變，成為一個擁有名廚餐廳

超人氣鮭魚三明治

與農夫市場的美食天堂。這裡沒有量產的連鎖
商店，都是當地自家經營的鋪子，每間也都來
頭不小，全是知名餐館，算是舊金山美食的小
縮影，也是吃貨們不可錯過的美食殿堂。

而露天農夫市場每週擺攤3天，其中以週六
早上的市集知名度最高也最熱鬧，數十間的攤
販搭著純白的帳棚，販售正值最佳賞味期的特
產，像是當季的新鮮蔬果、時令花束、特色點
心、天然蜂蜜、起司和咖啡豆等等，不僅一攤
一攤讓客人試吃到過癮，更耐心與客人討論食
材的來源，假日還有街頭藝人的表演，穿插著
小販的叫賣聲，非常熱鬧，是體驗當地人假日
生活的最好時機。

集結各式美食的歷史地標

各式有機新鮮蔬果

假日街頭藝人表演

鮮花小販

人潮擁擠的農夫市集

來一趟渡輪大廈
美食之旅……

✂Miette甜點店

　　裝潢像糖果屋般，走進去有種被甜蜜圍繞的感覺，整間店用玫瑰花系的粉色壁紙加上湖水綠的櫥櫃，成功擄獲少女的心。這間在地的甜點店，賣各式造型夢幻的蛋糕和糖果餅乾，不僅好看味道也很棒，特別推薦開心果馬卡龍和杯子蛋糕，是舉辦生日和下午茶的甜點首選喔！

好吃的杯子蛋糕

鮮奶油蛋糕，是店家招牌商品

✂ACME純天然麵包

　　灣區知名的法式麵包店ACME，是加州料理始祖Alice Water的得意門生Steve Suliivan所開的，很多高級餐廳跟超市都是使用他們的麵包，在各大知名的有機超市也可以看到它的身影。麵包的味道很純，不添加任何人工色素和香料，烤過後外酥內軟，還飄著淡淡的麵粉香，深受加州人喜愛。

採用有機麵粉製作的麵包

Gott's Roadside漢堡店

不可錯過的排隊名店。是我在灣區吃過屬一屬二好吃的漢堡，也是很多在地人的心頭愛。新鮮牛肉配上烤蘑菇、洋蔥、培根、起司，及舊金山特有酸麵包，多汁好吃，假日總是超過兩圈的排隊人潮。特別推薦草莓奶昔，新鮮牛奶與香甜冰淇淋的結合，好喝到不行，也是招牌之一。

招牌漢堡

草莓奶昔

Cowgirl Creamery起司專賣店

這間店提供各式各樣的手工起司，種類多不勝數。每一款都有條不紊的標示著產地、原料和質地。店內招牌Mt Tam，適合搭配各種酒，尤其是夏多內白酒，是喜歡喝酒搭配起司的朋友不可錯過的好滋味。

CAMODY起司

飲食豆知識

各式起司口感

1. Mt Tam：店內得獎招牌，屬於三重脂肪乳酪。口感香滑，帶點白蘑菇味。
2. Red Hawk：外表呈夕陽紅色，屬於洗浸乳酪。口感豐富，略帶辛辣。
3. Mimolette：硬質乳酪，產於法國。外型酷似哈密瓜，嘗起來濃醇香郁。
4. Sgt.Pepper：山羊奶乳酪，內含大蒜，辣椒，香料，口感豐富微酸。
5. Purple Haze：山羊奶乳酪，有薰衣草跟茴香的氣味，口感氛香。

←店內得獎招牌起司：Mt Tam

🦋 Blue Bottle藍瓶子咖啡

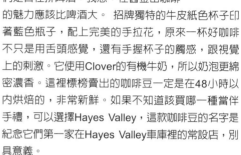

如果說每個城市都有一個美食記憶，那藍瓶子咖啡，在飲料界就是舊金山的代表滋味。這家位於熱鬧的渡輪大廈，總是排滿人潮，可以看出它有多受歡迎。一位歐洲遊客，問我們是否在排啤酒，我想，在舊金山咖啡的魅力應該比啤酒大。招牌獨特的牛皮紙色杯子印著藍色瓶子，配上完美的手拉花，原來一杯好咖啡不只是用舌頭感覺，還有手握杯子的觸感，跟視覺上的刺激。它使用Clover的有機牛奶，所以奶泡更綿密濃香。這裡標榜賣出的咖啡豆一定是在48小時以內烘焙的，非常新鮮。如果不知道該買哪一種當伴手禮，可以選擇Hayes Valley，這款咖啡豆的名字是紀念它們第一家在Hayes Valley車庫裡的常設店，別具意義。

很適合當紀念品的手沖咖啡杯

🦋 Boccalone美式鹹肉鋪

這間在地醃製肉品店，採用低溫減鹽醃製法，全程手工製作。特別推薦它們的Salami三明治，內餡是招牌臘腸片，配上芝麻葉跟火烤蕃茄醬，簡單美味不死鹹喔！喜歡辣的朋友，也可以試試看店內特製的辣椒泡菜。

招牌Salami三明治

特製泡菜

✄Far West Fungi香菇專賣店

　　有看過只賣菇蕈類的店嗎？這裡有超多不同品種的菇蕈類，不論是新鮮的或是乾燥的應有盡有，讓人大開眼界。除此之外，還有各式香菇相關醬料、食譜、和搭配料理的松露鹽等等，當然啦，店內看到的巧克力和杯子餐具，也都是菇菇造型喔！

各式香菇油

✄Heath Ceramics希思陶瓷

　　完美的餐具總是讓人食慾大開，加州著名的餐具製作商希思陶瓷，以打造精美的手工藝餐具出名，其簡約經典的風格深受設計師讚賞，也是許多名廚指定愛用的餐具，常可以在舊金山一些高級餐廳和咖啡館看到它的身影。

　　喜歡低調簡約風的廚娘們，一定會愛翻它們的家具，有強烈吸引力的高質感，放在手中厚實穩重，單一色調除了襯托出食物本質，更可以表現出主人家的品味，其中常賣款的經典橘色更是手工陶器中難得一見的色系，代表著陽光跟溫暖，是我心中的夢幻廚具之一，但價格略高又很少折扣，只能每次經過都摸摸它一下。朋友曾買它的杯具組，據說現在每天早上都非常愉悅的享用咖啡喔！

質感跟觸感都超高品質

讓你瘋狂玩一天的碼頭

(左)幽暗的監獄共有390間牢房 (右)5X9呎的牢房僅有一張床跟一套衛浴　嫌犯用的餐具也有販售

● 親身體驗昔日監獄島風光

2 惡魔島
Alcatraz Island

📧 Pier 33, Alcatraz Landing San Francisco, CA 94114　➡ 33 號碼頭上岸，搭乘渡輪　📞 415 981 7625　🕐 週一～日 09:00～18:40，感恩節、聖誕節、新年不對外開放　💲 白天成人票30美元，夜間成人票37美元　❓ 發船時間：白天週一～日08:45～13:05，每20分鐘一班。夜間週一～日15:20、15:50　http www.alcatrazcruises.com　MAP P.33

遊玩鐵則
一定要租借讓你身歷其境的語音導覽。

頭號嫌犯介紹

惡魔島(Alcatraz Island)距離舊金山漁人碼頭不到3公里，是一座四面環海，岩石叢生的小島，過去是美國歷史上著名的監獄島，現在為舊金山經典觀光行程之一，電影《絕地任務》(The Rock)也在此取景拍攝。

前往惡魔島的渡輪

來到這，一定要仔細聆聽它的語音導覽，有別於一般枯燥無味的歷史敘述，這裡的介紹會配合路線場景融合各種角色聲音，像是典獄長和囚犯的對話真實紀錄和囚犯自白等等，讓人走在其中有種身歷其境的感覺，非常有趣。這裡幽暗的走廊，都被取名為時代廣場街、百老匯等繁華地名，對照監獄內狹小冰冷的牢房，和無數失去自由的絕望故事，諷刺味十足也令人不勝唏噓。牢房出口處的紀念品店，販售許多特色商品，像是牢犯使用的餐具，典獄長的鑰匙等等，可別逛到錯過回程的搭船時間喔！

島上的觀光行程分為白天、夜晚、以及天使惡魔島的綜合行程3種，由於相當熱門，建議提前上網預定。渡輪過海時，可以看到海灣大橋、金門大橋及舊金山市景，聽解說之餘，也別忘了走出船艙拍照喔！

惡魔島全景(©Justin Chang張怡德)

● 看可愛海獅曬日光浴

數不清的海鮮餐廳

熱鬧的港頭還有許多漁船停靠

3 39號碼頭
Pier 39

✉ Beach Street & The Embarcadero, San Francisco, CA 94133
➡ 搭乘F線Street Car，或15、39、42號巴士，或叮噹車威爾梅森線在Pier 39站下車 ☎ 415 981 7437 ⌚ 週一～四10:00～21:00，週五～日10:00～22:00，感恩節和聖誕節不對外開放 http www.pier39.com MAP P.33

　鄰近漁人碼頭，這裡是最熱鬧的綜合購物中心，昔日的輪船和貨櫃，早已不復見，取而代之的是五光十射的遊樂設施，這裡有冰淇淋、可麗餅、蝴蝶圈餅店，一座旋轉木馬跟海灣水族館，2樓有數不完的海鮮觀景餐廳，總計超過110家的個性商家，加上週末的街頭表演，是大人和小朋友的遊樂天堂。

　除了大啖鮮美的美食和逛街購物外，這裡有一個不可錯過的景點——海獅。成群的海獅，從遙遠的深海遠游而來，舒服的躺在舊金山人為牠們設的木板床上，享受著日光浴，這一群又一群肥胖的海獅，有時為了搶到好位子，還會爭吵或堆疊在一起，十分逗趣。也許因為加州的陽光太溫暖，岸上的旅客太熱情，海獅們總是會發出「嗷嗷」吼叫作為回應。

　至於海獅造訪的歷史，根據海洋生物學說法，他們最早出現於舊金山大地震後，在碼頭居住了20年後又突然集體消失，消失的原因不明，一度引起本地人驚嚇，成為新聞話題，可見舊金山人對這群海獅的喜愛。話說以前的海獅數量可是數以百計，現在大約只剩50餘隻，感恩節後就會離開覓食跟南下避寒，想一睹這群神祕客的風采，可要抓對時間喔！

每到假日必定人潮滿滿

現做可麗餅擠滿圍觀人潮

成群結隊的海獅正大聲合唱

讓你瘋狂玩一天的**碼頭**

海灣大橋觀景處
Bay Bridge

✉ Pier 14, San Francisco, CA 94111 ☎ 510 286 7167
🌐 baybridgeinfo.org MAP P.33

鄰近渡輪大廈，海灣大橋連通了舊金山和奧克蘭。國際知名藝術家李奧維拉瑞爾(Leo Villareal)為海灣大橋設計夜間燈光秀，結合摩登與美，絢爛迷人。此工程並名為海灣之光，這也是全球最大的動感光建築。展示自2013年3月開始，為期兩年。14號碼頭可以將美景盡收眼底。

科學探索博物館
Exploratorium

✉ Pier 15, San Francisco, CA 94111 ☎ 415 528 4444
🌐 www.exploratorium.edu MAP P.33

探索博物館於2013年4月遷址到15號碼頭，占地面積約33萬平方英尺，特別針對成長兒童設計了一系列科學知識及思考空間，並有400多個科學設施可親手體驗，是個老少咸宜的博物館。

內河碼頭中心
Embarcadero Center

✉ 50 California Street, San Francisco, CA 94111 ☎ 415 772 0700 🌐 embarcaderocenter.com MAP P.33

鄰近渡輪大廈，結合辦公、酒店、電影院、餐飲的大型商務中心。有超過百間的精品服裝店和餐廳，像是年輕人喜愛的維多利亞祕密和香蕉共和國等等，都在此可以找到。喜歡泰式料理的朋友，記得要到Osha Thai試試看。

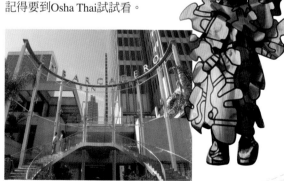

Day 3

漫步米慎區墨西哥風情

　　來自世界各地的移民，帶著家鄉的文化來到舊金山，其中以米慎特區(Mission District)的墨西哥移民文化最為知名。這裡和想像中的舊金山不同，市容相較老舊，隨處可見拉丁風味的餐館和鮮豔塗鴉的壁畫，自成一格的生活態度成為這裡舊移民的特色。此區也深受藝術家和年輕人的喜愛，滿街可見的獨立咖啡館、古董家具、腳踏車店、潮流品牌和手工藝品店，是一個絕對能體現新、舊文化融合的社區。

Day 3
路線 Plan

>>漫步米慎區墨西哥風情

Start

09:30~10:30 ①克萊瑞壁畫巷

壁畫一直是此區拉丁移民的傳統文化，短短的巷子藏有無數的壁畫創作，是了解此區歷史不可錯過的景點。

步行約8分鐘

10:35~11:00 ②仕女大樓

尊重性別差異，包容彼此不同，是舊金山的城市精神。藝術家藉由整牆整棟的壁畫，訴說著女權平等。

步行約2分鐘

11:05~13:00 ③Tartine麵包店

用可頌和拿鐵，喚醒美好的一天吧！在舊金山人氣最旺的麵包甜點店，享受一份令人食指大動的早午餐！

步行約5分鐘

13:05~14:30 ④桃樂絲公園

學習加州人，恣意的躺坐在草皮上，享受溫暖的陽光；或者準備好你的野餐墊，帶著好友愛人在這看書聊天丟飛盤吧！

(©Dolores Park)

14:35~16:30 ⑤德落麗絲古教堂

巴洛克式風格的建築物，是舊金山最古老的教堂，也是早期拓荒者的長眠之處。

步行約6分鐘

16:35~17:00 ⑥Bi-Rite冰淇淋

不論天晴雨天，只要經過Bi-Rite的冰淇淋，一定非吃一球不可！

步行約6分鐘

Goal

17:10~20:00 ⑦瓦倫西亞街

短短一條街，餐廳和小店林立，個個獨具特色，聚集許多型男型女在此等待約會。逛累看累，不妨挑間喜愛的餐廳，吃頓晚餐再回家吧！

一日花費小Tips
*以下幣值以美元計算。
克萊瑞壁畫巷參觀… 免費
仕女大樓參觀……… 免費
Tartine 麵包＋咖啡… $10
桃樂絲公園………… 免費
德落麗絲古教堂…… $3
Bi-Rite 冰淇淋……… $3
瓦倫西亞街晚餐…… $20
交通費……………… $5

Total　　　　　$41

43

交・通・對・策

米慎特區的景點和瓦倫西亞街的小店，大都集中在同一區且步行都可以到達，是相當方便的逛街區域，可以從BART的Mission 16街站為出發點，開始一天的行程。喜歡壁畫和藝術的朋友，不妨將時間花在壁畫跟教堂的參觀，知名的「巴米巷」壁畫，雖然位於米慎區，但距離書中列出的景點有一段距離，如要參觀，建議搭乘BART到24街站再步行10分鐘；而喜歡逛街吃下午茶的朋友，可以直接到瓦倫西亞街，這裡街道旁大大小小的咖啡館跟特色小店，值得花上一下午的時間。

德落麗絲古教堂
Mission Dolores
[5]

Guerrero St

16th St

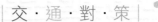
16th St Mission

Rondel Pl

Hoff St

Valencia St

克萊瑞壁畫巷
Clarion Alley
[1]

Clarion Alley

17th St

Dearborn St

Mission High School

Tartine
Bakery
& Café

[7] 瓦倫西亞購物街
Valencia Street

Bi-Rite冰淇淋 [6]

[3]

[2] 仕女大樓
The Women's Building

18th St

Bi-Rite有機超市

Oakwood St

Dolores St

Linda St

Lapidge St

Lexington St

San Carlos St

Mission St

[4]

19th St

桃樂絲公園
Mission Dolores Park

●風格多元的壁畫藝術

1 克萊瑞壁畫巷
Clarion Alley

✉ Clarion Alley, San Francisco, CA 94110 ➡ 介於17th街與18th街，Valencia與Mission街之間。搭乘BART，在Mission 16街站下，沿著Mission街走3分鐘 💲 免費 🌐 www.streetartsf.com/tag/clarion-alley 🗺 P.44

向上延伸的壁畫巷

藝術家創作中

從巷口開始，這裡的牆壁建築物上，有大大小小數十幅的鮮豔壁畫，放眼看去一片繽紛。

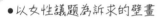
表達生活的壁畫

壁畫有的描寫移民歷史、有的記錄城市生活、有的控訴社會不公，每幅都色彩強烈畫風多元。走在其中，最常聽到就是遊客的驚呼聲，以及此起彼落的相機喀嚓聲，很難想像這裡曾經犯罪率居高不下，後來在90年代，政府推出「壁畫計畫」整頓，經住宅屋主的同意，請來塗鴉家在車庫和牆上繪上壁畫後，犯罪率才逐漸下降，成為今天著名的壁畫巷。現在，這裡是年輕藝術家展現自我的最佳舞台，有些畫家甚至在壁畫上留下電話和郵件，歡迎喜歡的人聯繫喔！

Start ----- 09:30~10:30 ----- 10:35~11:00 ----->

●以女性議題為訴求的壁畫

2 仕女大樓
The Women's Building

✉ 3543 18th St #8, San Francisco, CA 94110 ➡ 搭乘BART，在Mission 16街站下，沿著Mission街走，看到18街左轉 📞 415 431 1180 🕐 週一～日10:00~19:00 💲 免費 🌐 www.womensbuilding.org/twb 🗺 P.44

壁畫涵蓋整棟大樓的牆面，這壯觀的彩繪是

由7位女藝術家共同創作，以不同的女性臉龐和世界各地的織物圖案，讚揚女性在世界各地的貢獻，不論在國際上或是藝術史上，都具有里程碑的意義，也是此區必看的壁畫景點。壁畫

象徵女性主權的壁畫

上的知名女性，有曾獲諾貝爾和平獎的里戈偉塔門楚，她畢生致力於提倡瓜地馬拉原住民權利；也有觀音佛像，表達女性永恆的精神。這裡同時也是跨種族文化，以服務女性為旨的社區服務中心，不論是其外觀還是內在，都是女性平權的代表象徵。

壁畫涵蓋整棟大樓

●總是要排隊的人氣麵包店

3 Tartine麵包甜點
Tartine Bakery & Café

✉ 600 Guerrero St, San Francisco, CA 94110 ➡ 搭乘BART，在Mission 16 街口下，沿著Mission街，往18街走3分鐘 ☎ 415 487 2600 ⏰ 週一08:00～19:00，週二～三07:30～19:00，週四～五07:30～20:00，週六 08:00～20:00，週日09:00～20:00 http www.tartinebakery.com MAP P.44

遊玩鐵則
在地人吃法：外帶！到桃樂絲公園邊吃邊享受加州陽光。

↖招牌可頌

2002年開幕後，門口排隊人潮從未少過，在美國知名美食網Yelp上，更有近5,000個評價加上4顆星的滿意加持，Tartine的名氣響亮，可見

沒有招牌的店面

一般！對於愛吃的人來說，能不停開發新的好吃小店是一種無止盡的樂趣，來到Mission區，這間一定是不能錯過的朝聖名店。除了招牌可頌，值得推薦的還有Open Face三明治跟麵包布丁。

麵包一直是Tartine的強項，將三明治烤得酥香搭上各式滋味的餡料，香味十足。而美國傳統家庭點心麵包布丁，更是濕潤順口，配上當季水果，甜甜好滋味。其實店內每樣點心都是水準之上，店家還因此出版食譜書，有時間的話，不妨二訪三訪。

季節限定橙橘起司蛋糕

11:05～13:00

遊玩鐵則
真正古老教堂是旁邊的白色建築，記得參觀。

●看巴洛克式的雄偉教堂

5 德落麗絲古教堂
Mission Dolores

✉ 3321 16th St San Francisco, CA 94114 ☎ 415 621 8203 http www.missiondolores.org MAP P.44

1918年重新興建後，這間充滿巴洛克建築風格的大教堂，高聳宏偉，支柱和門廊上布滿精美雕刻，細緻壯觀，從任何角度取景都很美麗，但這座大教堂並不是原始古蹟，真正的古老教堂就位於旁邊的白色建築，建立於1776年，是舊金山最古老的建築物之一；想看古老建築的朋友，記得要往旁邊移駕一下。古教堂旁的小墓園， 埋葬了不少名人和傳教士，包括都勒教會創始人賽拉神父，墓園中矗立一座他低頭沉思的雕像，彷彿在守護長眠於此的靈魂；這裡也是大導演希區考克指導的驚悚電影

改建後的大教堂

● 享受溫暖的加州陽光

遊玩鐵則
公園晚上治安不佳，不要單獨前往喔！

④ 桃樂絲公園
Mission Dolores Park

✉ 18th & Dolores St San Francisco, CA 94114　🚌 搭乘33號公車或是J line Muni。搭乘BART，在Mission 16街站下，沿著16街走，看到Dolores街左轉　📞 415 554 9521　💲 免費　http sfrecpark.org/destination/mission-dolores-park　MAP P.44

(©Dolores Park)

→孩童的遊樂場
↓登高可以看到舊金山市景

(©Dolores Park)

　　美國人喜歡在天氣好的時候，到公園曬太陽，女生就穿著比基尼，男生就光著上身，對他們來說這是再自然不過的生活。所以每到週末假日，桃樂絲公園總是熱鬧滾滾，有曬太陽的、野餐的、丟飛盤、遛狗的，還有一些街頭藝人娛樂表演，附近學生們也會到此練習樂器跟馬戲團表演。公園綠意盎然，處於山丘腰間，走到20街的頂端，還可以看到舊金山市景，一直是在地人假日時的熱門去處。附近還有許多好吃食鋪，不妨買份外帶，然後恣意的躺坐在這裡，學習加州人享受陽光。

13:05～14:30　　　　**14:35～16:30**

　　《迷魂記》中的重要場景。教堂內的博物館提供很多文物跟歷史資料介紹給遊客，雖然沒有標明入場費用，但門口的捐獻箱，可是寫著5美元的建議收費，至此參觀，別忘了準備小額現金喔！另，學生如攜帶學生證，可以僅付3美元入場費喔！

←沉思的賽拉神父

新教堂內部

德落麗絲古教堂

可一窺200年前教會區的生活

原始紅木結構，據說用了3萬6千個磚塊蓋成

● 香濃柔順，全美前10大好吃冰淇淋

6 Bi-Rite冰淇淋
Bi-Rite Creamery

✉ 3692 18th St, San Francisco, CA 94110 ➡ 位於桃樂絲公園對街。搭乘33號公車或是J line Muni。搭乘BART，在Mission 16街站下，沿著16街走，看到Dolores街左轉 ☎ 415 626 5600 ⏰ 週日～四 11:00～22:00，週五～六11:00～23:00 💲 每球3.5美元 http biritecreamery.com MAP P.44

遊玩鐵則
斜對面是Bi-Rite有機超市，可買到好吃的新鮮鹹點。

在地直送的有機超市

又是一間在Mission區人氣破表的名店。美國新聞旅遊誌《U.S News Travel》曾評選出全美前十大好吃冰淇淋，Bi-Rite輕鬆打敗眾家敵手，獲得第三名殊榮，在舊金山算是指標性的甜點店。最出名的口味就屬鹹焦糖冰淇淋(Salted Caramel)，口感香濃柔順，完全不甜膩，咬下去真的會忍不住驚

門口總是堆滿充滿詩意的鮮花

呼：也太好吃了吧！

值得推薦的還有蜂蜜薰衣草口味，濃郁到好像置身薰衣草田，香氣迷人。店內約有20

16:35～17:00

林蔭步道的逛街商圈

● 懷舊文藝風，文青的最愛

7 瓦倫西亞購物街
Valencia Street

✉ Valencia Street, San Francisco, CA ➡ 介於16th 街與24th 街之間，與Mission街平行。搭乘BART，在Mission 16街站下，沿著16街走5分鐘 ⁉ 夜晚的米慎區治安不佳，建議與朋友同行，避免獨自遊走 MAP P.44

有別於繁華的舊金山，米慎區的瓦倫西亞街巷弄一帶，大多是舊移民時期的彩色建築，不管是街景還是公寓，這裡都瀰漫著懷舊的文藝味。近年來聚集不少風格別具的古董家具店、古著服飾及咖啡店，吸引許多文青和藝術

二手衣服店

幾種口味，拿不定主意時，就請店員給你一小匙試吃，在美國真的不需要怕羞，也不需擔心後面的排隊人潮會生氣喔！試吃就對了。

各式口味冰淇淋

超親切店員

17:10～20:00　　　休息囉

家來此尋找靈感，鄰近的Potrero Hill是許多舊金山的Startup創業家喜歡住的地方。在這裡可以喝到在地烘焙的咖啡，也能吃到手工特製的甜點和巧克力。短短一條街，餐廳和小店林立，加上店家們的氣氛簡單輕鬆，使得瓦倫西亞街成為一個行動工作室，或與三五好友享受午茶的好地方。

↑買不完的裝飾小物

潮流小店

→聚集許多時髦年輕人

瓦倫西亞街的走跳地圖

招牌溫泉蛋瑪芬

↑麵包展示

↑冰櫃陳列各式起司

特色下午茶

✄ Craftsman & Wolves

又是一間米其林甜點主廚,自立門戶開起午茶咖啡館的成功例子。好評很多,人氣很旺,但比起甜點,我更愛它摩登簡約的裝潢,尤其是將麵包糕點放在圓木上,看起來真的是色香味齊全耶!招牌The Rebel Within(溫泉蛋瑪芬),一口咬下去,蛋黃橫流,內餡還有起司、蔥和香腸丁,令人食指大動。

✉ 746 Valencia St San Francisco, CA 94110 ⏰ 週一~四07:00~19:00,週五07:00~20:00,週六08:00~20:00,週日08:00~19:00 ☎ 415 913 7713 http www.craftsman-wolves.com MAP P.51

特色下午茶

✄ Mission Cheese

有人跟我一樣嗎?只要對於有加「起司」的食物就無法自拔。這裡以賣烤三明治為主,以不同口味的起司為主角搭配簡單的配料,現烤酥脆,出爐時,店內會充滿濃濃的起司香氣,讓這幾坪大的店面,常常客滿。其他人氣餐點還有焗烤起司通心麵(Mac and Cheese)味道香濃,是許多美國小朋友喜愛的料理,如果想一次嘗試不同種類起司,不妨選擇起司臘腸拼盤,配上葡萄酒,口味絕配。

✉ 736 Valencia St San Francisco, CA 94110 ⏰ 週二~四,週日11:00~21:00,週五~六11:00~22:00 ☎ 415 553 8667 http missioncheese.net MAP P.51

超好吃的Hot Smores甜點

招牌熱可可

↑獨特的甜點展示

15th St   🍴Four Barrel咖啡館

Caledonia St

16th St   🆖16th St Mission

Rondel Pl

Albion St

● Bar Tartine

17th St   克萊瑞壁畫巷
Clarion Alley
📷 Clarion Alley

Valencia St

Sycamore St

● Curry Up Now-Indian
Street Food

18th St

🍴Dandelion Chocolate
🍴Mission Cheese
🍴Crafeman & Wolves

● Tacolicious

🎁 Mission Bicycle
🎁 Betabrand

Lapidge St

19th St   ● Boba Guys

Range ●

Lexington St

20th St
🎁 Dog Eared Books

瓦倫西亞街購物地圖

【特色下午茶】

✿Dandelion Chocolate

　　舊金山有許多獨特的巧克力店，他們對待巧克力
就像咖啡豆一樣，不僅分了可可豆產地，還用烘豆
機烘焙可可，對外開放工廠廚房，讓顧客看到加工
成味的過程，最後再趁肴誠意的貼卜華麗包裝紙，
絲毫不馬虎。招牌的熱可可，香醇濃郁，搭配無限
供應棉花糖，是人氣商品。另外大推薦的還有Hot
Smores，烤焦的棉花糖配上巧克力和燕麥餅乾，是
極具美式風格的甜點。

✉ 740 Valencia St San Francisco, CA 94110　🕐 週二～四，週
日 10:00～21:00，週五～六10:00～22:00　📞 415 349 0942
http www.dandelionchocolate.com　MAP P.51

招牌拿鐵

→腳踏車的演進史海報

在這找得到各種腳踏車零件

↑一杯杯現做的手沖咖啡

名牌咖啡館

✂ Four Barrel

奧地利詩人曾說：「我不在咖啡館，就在往咖啡館的路上」。在舊金山，這也是很多當地人的心情寫照。雖然並不是整個城市都瀰漫著咖啡香，但充滿個性的咖啡館也不少，走入Four Barrel，現磨沖泡的咖啡香迎面而來，一吐一吸之間，豆子的香氣輕鬆帶走一天的煩擾；店內裝潢簡約，挑高不受制約的開放性空間，完整呈現了Loft工業感的風格。品咖啡人常說：「磨豆機是咖啡店的靈魂」，店裡就擺了兩台義大利進口手工打造，有Espresso界的法拉利名號的La Marzocco Mistral，從小細節便可看出這裡豆子的優質；店內也提供手沖咖啡台，將咖啡豆成罐陳列在顧客面前，你可以試聞再選擇一種進行手沖，有不懂的地方，像是沖泡時間和豆子味道等等，店員都會很熱情的解答，真不愧是令人激賞的好店呀！誠心建議，既然旅行至此，就不要再苦苦找尋星巴克了，好好享受一杯在地咖啡吧！

✉ 375 Valencia St San Francisco, CA 94110 🕐 週一～日 07:00～20:00 ☎ 415 252 0800 🌐 www.fourbarrelcoffee.com 🗺 P.51

潮流小店

✂ Mission Bicycle

想像過單車也可以成為時尚的配件嗎？一般去買車時，車行老板總是推薦非常運動款的車型與配件，並問你需要幾段變速，但專業的行頭總是跟「有型」扯不上關係。

在這販售的單車，從把手到輪框，甚至包包和配件都非常具有品味，深受年輕人喜愛。店家也提供遊客單車出租，每日約40美元。

✉ 766 Valencia St San Francisco, CA 94110 🕐 週一～六11:00～19:00，週日11:00～18:00 ☎ 415 683 6122 🌐 www.missionbicycle.com 🗺 P.51

特輯放大鏡

→仔細找找看，地板上有許多有趣的壁畫塗鴉

↑ 在成堆的書籍中挖寶

店內許多風格獨特的服飾

潮流小店

🐾Dog Eared Books

舊金山市一直對圖書業的維持努力不懈，也因此，走在舊金山很容易就能感受到其生氣勃勃的文學氛圍。坐落在街口轉角，店內販售各類新書和二手書，外觀復古陳舊，門口貼滿許許多多眼花撩亂的明信片，對比現代化的街道，更顯得有味道，店內三不五時會舉辦文學活動和書籍朗讀，是許多書蟲流連忘返之地。

✉ 900 Valencia St San Francisco, CA 94110 🕐 週一～六10:00～22:00，週日10:00～21:00 ☎ 415 282 1901 http www.dogearedbooks.com MAP P.51

潮流小店

🐾Betabrand

新興起的潮流品牌，販售的衣物風格多元，從日常服飾、運動、到空手道服和單車服等等都有。強調以顧客喜愛為第一，除了可以上網投票喜愛的款式，還可將設計稿上傳到網站，由他們製作販售。更突發奇想，聘請了一群有博士學位的模特兒拍攝新款目錄，獨特的行銷手法，吸引大批粉絲支持。

✉ 780 Valencia St San Francisco, CA 94110 🕐 週一～六11:00～19:00，週日12:00～18:00 ☎ 800 694 9491 http www.betabrand.com MAP P.51

巴米巷
Balmy Alley

✉ 1-100 Balmy St San Francisco, CA 94110
🌐 www.balmyalley.com/Welcome.html 🗺 P.44

　小小的巴米巷內,藏著超過200幅以上的壁畫,是米慎區最早也最密集的壁畫巷弄。壁畫一向是拉丁社群的傳統文化,創作者藉由畫裡的人物跟奔放的色彩,來表達自己的精神信仰、移民生活和社會運動,同時也記錄了歷史,寄託了希望。不同的壁畫有不同的風貌,遊走其中像是經歷了一場文化的融合,難怪很多遊客旅行到此,都特地來巴米巷洗禮一番。這裡絕大數的主題,以描繪對家鄉的思念緬懷之情為主,最早的壁畫是由兩位女性藝術家Patricia Rodriquez和Graciela Carillo所開始繪製,訴說著1492年從哥倫布抵達美洲大陸之後,原住民的生活和掙扎;想了解更多壁畫背後的故事,可以到24街上的Precita Eyes Muralists壁畫保存跟創造協會參加解說行程,也可購買地圖好好遊覽一番。如果你的藝術細胞被啟發喚起,這裡還提供塗鴉課程,讓你大展身手,當起一日塗鴉大師喔!

←↓各式精彩壁畫

閒逛特色街區海斯村

　　喜歡生活雜貨、茶點沙龍、還有甜點的女孩有福了，海斯村(Hayes Valley)一條可愛的舊金山逛街路線，這裡賣的不是精品名牌，都是些特色的時尚小物，而且每走幾步就有好吃的甜點跟咖啡店，只要一踏進去便讓人流連忘返，輕鬆消磨一下午時光。除了購物外，今天還要看看氣勢宏偉的「市政廳」，在這裡留下美麗的倩影；到最上鏡頭獎的「六姊妹屋」，感受一下電影情節的浪漫；最後是在充滿東洋風情的「日本城」狂掃日貨，吃頓壽司大餐。

Day 4 plan 路線

>>閒逛特色街區海斯村

Start

09:30 ~ 10:30

1 舊金山市政廳

這座將近百歲年齡的建築物，被公認是舊金山最美的公共建築物，也是必看的旅遊景點。

步行約12分鐘

11:30 ~ 13:30

2 Stacks餐廳

尋著誘人麵包香味，走進傳統美式餐廳，享受一頓豐盛又美味的早午餐！

步行約2分鐘

13:30 ~ 16:30

3 海斯村

當個「偽舊金山人」，跟著當地人的腳步，在優雅的逛街步道閒晃漫步。

公車約9分鐘

16:45 ~ 17:45

4 阿拉莫廣場

親眼一見電影裡的浪漫場景，在維多利亞風格的建築前，來個難忘的邂逅。

公車約10分鐘

Goal

18:00 ~ 20:00

5 日本城

一次體驗日本文化，所有東洋風味的濃縮精華都在這一一展現。

一日花費小Tips

*以下幣值以美元計算。

舊金山市政廳參觀…	免費
Stacks早午餐 ………	$15
日本城晚餐…………	$15
交通費………………	$6
Total	$36

海斯村購物地圖 ●

PLEASE ORDER WITH THE BARISTA

5 日本城
Japantown

Geary Blvd

Gough St

Franklin St

Van Ness Ave

Polk St

Larkin St

101

● Raymond Kimbell Playground

Steiner St

Fillmore St

Webster St

Eddy St

Languna St

● Jefferson Square Park

亞洲藝術博物館
Asian Art Museum

Turk St

Golden Gate Ave

舊金山市政廳
San Francisco City Hall

1

● Civic Center Plaza

Mc Allister St

Fulton St

舊金山芭蕾舞廳 ●
San Francisco Ballet

● 舊金山歌劇院
San Francisco Opera

● 舊金山交響樂廳
San Francisco Symphony

Stacks餐廳

4 阿拉莫廣場
Alamo Square

Hayes St

3

2

海斯村
Hayes Valley

Fell St

| 交 · 通 · 對 · 策 |

市政廳到海斯村之間的距離不遠，走個10分鐘，穿越幾個街口就可以到海斯村的逛街起點；海斯村街上各大小店、餐廳、咖啡館就集中在Hayes街的兩旁，從街頭走到街尾大約30分鐘，雖然距離不遠，但細細走逛每間小店，也是讓人眼花撩亂，很容易買開；阿拉莫廣場雖然也是在步行距離內，但都是上坡路線，爬起來相當吃力，建議搭乘公車；從阿拉莫廣場到日本城，由於距離較遠，建議搭乘公車，步行約20分鐘。

●政治權力中心，亦是新人拍婚紗的最愛

1 舊金山市政廳
San Francisco City Hall

✉ 1 Dr Carlton B Goodlett Pl San Francisco, CA 94102 ➡ 搭乘BART，在Civic Center 街站下；公車5、19、21、42、47，在Civic Center街站下 ☎ 415 701 2311 🕐 週一～五08:00～20:00 ⁉ 免費導覽週一～五10:00、12:00和14:00，導覽時間約45分鐘～1小時 http sfgsa.org/index.aspx?page=1085 MAP P.57

市政大廳是舊金山政治權力的心臟。建於1915年，以巴洛克式的圓頂和梵蒂岡聖彼得大教堂做為建築模型，最後再加以金色顏料作為點綴，成功打造出這充滿古典神聖的磅礡之作。市政廳的美麗，吸引了很多新人在此舉辦婚禮和拍攝婚紗，也

市政廳全景

市政廳大廊

有牧師提供證婚服務，我和一些朋友的人生大事就是在這完成的，優雅的場地和幸福的新人也為

鑲金的氣派大門

這政治權力的中心，增添了幾分浪漫的氣息。前方的綠蔭廣場在假日時，總是聚集很多來自各地的遊客，非常熱鬧，但夜黑之後遊民居多，請小心安全。

Start ――― 09:30～10:30 ――― 11:30～13:30 ―――

●分量澎湃，元氣百分百早午餐

遊玩鐵則
分量很大，3個人點2份就可以吃得飽。

2 Stacks餐廳
Stacks

✉ 501 Hayes St San Francisco, CA 94102 ➡ 搭乘BART，在Civic Center 街站下，往Hayes街走10分鐘；搭乘Muni 21號公車，在Hayes街下 ☎ 415 241 9011 🕐 週一～五07:00～14:30，週六～日07:00～15:30 http www.stacksrestaurant.com MAP P.57

期待週末的早晨，不是因為想睡頓懶覺，而是一頓豐盛的早午餐。不論是滴著奶油糖漿的鬆餅、蛋汁四溢的班乃迪克蛋、還是餡料飽滿的美式蛋捲，全都深得我心，美好的早餐總是讓人整天都活力十足，元氣滿滿呀！在Stacks用餐，不管是口感還是分量都讓人大呼過癮，比較特別的是炸雞鬆餅(Chicken and Waffle)，在甜甜的鬆餅上放上炸雞，口感甜鹹交錯，是經典美國南方靈魂食物；其他熱門餐點像是蟹

肉美式蛋捲(Crab Omelet)、藍莓鬆餅跟菠菜班乃迪克，是喜歡早午餐的人不可錯過。

↑餐廳內觀

←超大分量的一人份早午餐

● 悠閒漫步林蔭大道逛小店

3 海斯村
Hayes Valley

✉ 在Gough和Laguna之間的Hayes街統稱海斯村 ➡ 搭乘BART，在Civic Center 街站下，往Hayes街走10分鐘；搭乘Muni 21號公車，在Hayes街下 🕐 全年開放，但各店家營業時間不同，請自行上網查詢 🗺 P.57

以來都深受在地人喜愛，雖然這裡店家商品走比較高單價，但即使不買，走逛也足夠讓人大飽眼福。

↓→小店林立

←型男型女的聚集地

在Gough和Laguna之間的海斯街(Hayes Street)，是一個遠離城市喧囂的街道，幽靜的林蔭街道上有許多很精美的家具店、個性潮流小店、精緻特色的甜點和咖啡館，很適合徒步逛街，感受一下舊金山的人聲、氣味和建築；街道中心有一座迷你小公園，讓散步的人隨時可停下腳步休憩，吃球冰淇淋或喝杯咖啡。美好的氛圍讓這裡一直

Hayes Valley

13:30~16:30

16:45~17:45

日光浴的午後

六姊妹屋

● 電影場景的常客

4 阿拉莫廣場
Alamo Square

✉ Steiner St & Hayes St San Francisco, CA 94115 ➡ 搭乘Muni 21號公車，在Hayes St & Pierce St站下 📞 415 614 2526 🕐 全天候開放 🌐 alamosq.org 🗺 P.57

阿拉莫廣場位於山頂上的優越位置，天氣晴朗時，可以俯瞰整個舊金山市區，在六姊妹屋的襯托下，不論日景還是夜景都如詩如畫，

很多當地人喜歡在這享受日光浴；而這美麗的場景也常出現在各大電影、電視、廣告和明信片裡，因此得到舊金山觀光景點的最上鏡頭獎「Painted Ladies」的美名。其實六姊妹屋就是6棟的維多利亞式建築，一棟接著一棟並排相連，像姊妹一般，而且這童話般的房屋，真的有住人喔！有興趣的人可以上網搜尋，看看裡面住的人是不是也穿著復古禮服、戴著紳士高帽這般夢幻。

海斯村的走逛地圖

造型特殊的行李吊牌

↑隨地而置的花束，別具味道

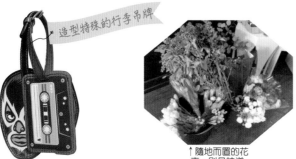

↑男孩最愛的潮帽們

特色小店

✂FLIGHT 001

只要是和旅行有關的精品，在這都找得到。店內商品分類成三項：飛行前、飛行中和抵達目的地，所以大至行李箱，小到登機牌和地圖，通通一應俱全，而這裡的商品不僅僅只是實用，每樣東西都兼具設計巧思跟美觀。店內隨處可見機場特有的指示圖案，結帳櫃台更酷似機場劃位櫃台，非常有趣！

✉ 525 Hayes St San Francisco, CA 94102
🕐 週一〜日11:00〜19:00 ☎ 415 487 1001 http www.flight001.com MAP P.63

特色小店

✂Birch flower

這一間很容易讓人忽略跟路過的小店。黑色的裝潢，牆面上的整排雜誌，門口堆滿書籍，讓人誤以為是間書店，但其實這是間充滿藝術味的花店。印象中，花店老板娘都是說：今天某某花最新鮮，要不要來一束。但在這裡，問你要的是什麼樣的感覺跟心情，花材就隨意堆置在店內角落，感覺信手拈來就可以成為一幅好風景，來這裡，不只看花也看品味喔！

✉ 564 Hayes St San Francisco, CA 94102
🕐 週一〜六11:00〜18:00 ☎ 415 626 6860 http www.birchsf.com MAP P.63

特色小店

✂UNDEFEATED

男生們最愛的鞋店到了！這裡的鞋款超多元，有很多美國和日本的限定款在這裡販賣，樣式有趣獨特而且價格公道合理，在裡面，你可以很輕鬆的試穿喜歡的款式，不用擔心漂亮、帥氣的門市人員會一直緊跟著你。店裡還有販售潮帽跟潮T，讓人有種置身在東區後巷的錯覺。

✉ 516 Hayes St San Francisco, CA 94102
🕐 週一〜六11:00〜19:00，週日12:00〜18:00 ☎ 415 437 2800 http undefeated. com MAP P.63

木框墨鏡是熱賣商品

簡約風格的服飾

來自英國的填充玩偶

apple park

超夯的Hersch背包

遊玩鐵則
美國尺寸用磅數標示,而非公斤,記得換算。

特色小店

AZALEA

　型男型女必逛的店家,在這裡,不用怕對穿著沒頭緒,店裡各款的包包、衣服、牛仔褲,讓你輕鬆找到當季的流行靈感,最棒的是,每個店員會很專業的隨時為你做穿搭建議,而最近很紅的TOMS Shoes也有在這設櫃喔!偶爾會不經意的出現優惠折扣,那就是入手的最好時機啦!

✉ 411 Hayes St San Francisco, CA 94102
🕐 週一~日11:00~19:00 ☎ 415 861 9888 http www.azaleasf.com MAP P.63

TOMS

特色小店

steven alan

　店內的氛圍用木頭材質的裝潢,襯托出商品的質感!商品來自於各大品牌,多是歐美潮流精品,每樣都是時髦店主的一時之選,俐落有型,設計感十足,常會看到很多雅痞的男士跟打扮精緻的麻豆在此購物,但相對的,這裡的價錢也屬於中高價位,很少折扣。

✉ 445 Hayes St San Francisco, CA 94102
🕐 週一~六11:00~19:00,週日12:00~18:00 ☎ 415 558 8944 http www.stevenalan.com MAP P.63

特色小店

fiddlesticks

　店內擺設寬敞敞明亮,商品來自美國和歐美的不同品牌,貨色齊全超好挑,每件款式也都超級活潑且鮮豔,一看上去就讓人心情愉悦得不得了,店內還販售小朋友的鞋子、玩偶跟益智玩具,是間超好逛的童裝店。購買時請注意商標上的身高跟體重,美國尺寸通常標示的是磅數非公斤,記得換算,以免買到過小不合身。

✉ 540 Hayes St San Francisco, CA 94102
🕐 週一~四11:00~19:00,週五~日10:00~19:00 ☎ 415 565 0508 http www.shopfiddlesticks.com/catalog/index.php MAP P.63

春天限定馬卡龍

馬克杯是紀念品首選

熱賣經典巧克力

黑杏仁巧克力

咖啡豆

繽紛的包裝是送禮首選

遊玩鐵則
回台伴手禮,請選擇杏仁巧克力或塊狀黑巧克力。

甜點下午茶

Chantal Guillon Macarons

我一直在舊金山找尋好吃的馬卡龍,可惜吃過巴黎的Pierre Herme後,就再也找不到能滿足我味蕾的店,但生活還是要過,想吃馬卡龍的心還是需要被滿足,這家海斯村的馬卡龍專賣店,明亮可愛,口味多元,不同的季節孩會推出限定版,在各大美食網評價很高,個人很喜歡它的堅果口味。

✉ 437 Hayes St San Francisco, CA 94102
🕐 週一~日11:00~19:00　☎ 415 864 2400　🌐 www.chantalguillon.com　MAP P.63

甜點下午茶

RITUAL Coffee

舊金山的咖啡有四大天王,除了Blue Bottle、Four barrel、Barefoot外,另一家備受在地人愛戴的就是RITUAL Coffee。店內販售新鮮烘焙的公平貿易咖啡豆與咖啡飲品,朋友很獨鍾它們家的冰咖啡,喜歡口感略酸的朋友,可以試試。在陽光普照的午後,這裡總是坐滿很多曬太陽喝咖啡的人們,美國的下午真的很適合發呆呀!

✉ 432b Octavia St San Francisco, CA 94102
🕐 週一~日07:00~19:00　☎ 415 865 0989　🌐 www.ritualroasters.com　MAP P.63

甜點下午茶

Christopher Elbow Artisanal Chocolate

這是一間讓人感官驚艷的巧克力店,每樣商品都宛如藝術品般的精美。它的黑巧克力真的很好吃,完全不苦澀,店內的熱可可也是我的最愛。特別推薦Dark Chocolate Fleur de Sel將63%黑巧克力覆蓋在烤山核桃和軟奶油焦糖上,外頭再灑上法國灰海鹽,甜鹹交錯,非常值得一試。

✉ 401 Hayes St San Francisco, CA 94102
🕐 週二~六11:00~20:00,週日~一12:00~18:00　☎ 415 355 1105　🌐 www.elbowchocolates.com　MAP P.63

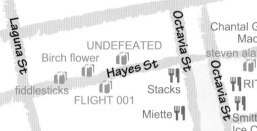

海斯街街區逛街地圖

Laguna St
Octavia St
Gough St

Birch flower
UNDEFEATED
Chantal Guillon Macarons
steven alan
Christopher Elbow Artisanal Chocolate
Schulzies Bread Pudding

Hayes St
AZALEA

fiddlesticks
Stacks
RITUAL Coffee

FLIGHT 001
Octavia St
Linden St

Miette
Smitten Ice Cream

各種口味開放式陳列

每樣糖果都精緻得討人喜歡

用冰淇淋和好友乾杯

甜點下午茶

❧ Smitten Ice Cream

　　門口的大排長龍，可以看出人氣之旺，我最喜歡Smitten的鹹味焦糖(Salted Caramel)口味，一口吃下去，好像10顆冰凍的森永牛奶糖，瞬間在嘴裡化開！老闆花費兩年時間研製成獨一無二的冰淇淋製作機，取名「Kelvin」，利用液體氮氣，瞬間冰凍原物料，不到1分鐘，就可以吃到新鮮現作的冰淇淋，純天然無添加喔！

📧 432 Octavia St San Francisco, CA 94102 🕐 週一～五12:00～22:00，週六～日11:30～22:00 ☎ 415 863 1518 http smittenicecream.com MAP P.63

甜點下午茶

❧ Schulzies Bread Pudding

　　麵包布丁一直是外國人很愛的家庭甜點，吃起來的口感是上層酥脆，下層濕潤柔軟。這間專賣麵包布丁的甜點店相當特別，販售方式就像賣冰淇淋或優格般，先選擇自己喜歡的麵包布丁口味，再挑選淋上的醬汁跟不同配料，完全自由搭配，隨意組合，喜歡嘗鮮的朋友可以一試。

📧 364 Hayes St San Francisco, CA 94102 🕐 週一～五13:00～22:00，週六～日11:00～22:00 ☎ 415 565 7336 http schulziesbreadpudding.com MAP P.63

甜點下午茶

❧ Miette總店

　　如果我要開一間甜點或咖啡店，那裝潢就要像Miette一樣，一走進去就有種被甜蜜圍繞的感覺。這間在海斯村的總店，將平凡無奇的糖果化為時尚的華麗甜點，有別於渡輪大廈的分店，這裡找得到各式招牌蛋糕，口味也更多元，我最喜歡它的巧克力慕司，香濃滑口。

📧 449 Octavia St San Francisco, CA 94102 🕐 週一～日11:00～19:00 ☎ 415 626 6221 http www.miette.com MAP P.63

● 來道地的日本城，狂掃日貨

5 日本城
Japan Town

←日本吉祥物　　↓日式洋菓子

✉ Steiner St & Hayes St San Francisco, CA 94115 ➡ 搭乘 Muni 22號公車，在Fillmore St & Sutter St站下 ☎ 415 614 2526 ⏰ 全天候開放，但各店家營業時間不同，請至網站查詢 🌐 sfjapantown.org 🗺 P.57

1968年，為了表達新的日本城開業慶祝之意，日本政府送給舊金山市民一座高達5層樓的和平塔(Peace Pagoda)，現在這座高塔成為日本城的著名標誌，坐落在街道的正中心。有人說這裡是迷你版的東京，第一次造訪時，著實被它道地的東洋風格嚇到，這裡有數不清的日式餐廳，櫥窗展示一整排難辨真假的食物模型，每樣看起來都超可口，還有好吃的銅鑼燒、麻糬跟章魚燒，更別說原裝

天守閣

進口的和菓子店，讓你整盒帶回當紀念品；購物中心有一間兩層樓高的紀伊國書店，販售各式日本雜誌、漫畫跟原文書，還有和服訂製跟日式餐具店，真的是不管什麼日本貨，在這都找得到。

每年四月櫻花節盛開時，日本城會熱鬧的舉辦慶祝遊行，對日本人來說櫻花盛開代表著新的開始，要和好友、愛人和家人團聚一起，在美麗的櫻花樹下野餐，也因此每年這個時候，總是吸引大批遊客前去，把小小的日本城擠得水洩不通，好不熱鬧。除了遊行外，櫻花節還有日本歌舞藝妓、傳統日式茶道表演、動漫展、跟日式美食區，有機會可以去走走，感受一下日本文化的迷人之處。

櫻花節的慶祝活動(©Justin Chang張怡德)

和平寶塔

各式日式小物都找得到

走進嬉皮海特區與彩虹卡斯楚*

　　儘管時間流逝，嬉皮的自由精神在舊金山從未被遺忘，尤其是「海特區」的街旁道路，當年愛與和平、反戰的理念都還瀰漫在空氣中；而相隔不遠的「卡斯楚」區，是同志運動的革命起源地，也是世界著名的同志村和觀光景點；2013年舊金山同志婚姻合法通過，同年6月的「同志驕傲大遊行」上，看到許多新婚的同志伴侶，高舉標語寫著：「Together 35 years, Married 4 days」。舊金山幾乎是對同志最寬容的城市。花點時間走訪這兩個景點，感受一下舊金山獨特的自由寬容之氣。

Day 5 路線 plan

>> 走進嬉皮海特區與彩虹卡斯楚

Start

10:00 ~ 14:00

1 海特區

嬉皮文化的大本營，街道路旁瀰漫著「愛之夏」的時代氛圍，隨處可見嬉皮精神。

公車16分鐘

14:30 ~ 16:30

2 卡斯楚區

街道旁的特色小店販售著18禁的商品，裸男正在「Hot Cookie」排隊買餅乾，同志情侶大方擁吻牽手，整條街尺度之大令人臉紅心跳。

步行2分鐘

16:30 ~ 17:00

3 卡斯楚戲院

古老的西班牙風戲院，播放著許多禁忌和小眾電影，是同志電影文化傳播和聚合之地。

步行6分鐘

17:20 ~ 19:00

4 IKE'S PLACE

人氣排隊三明治，不僅好吃，分量也十足，是大快人心的美食小吃。

公車25分鐘

Goal

19:30 ~ 20:30

5 雙峰

不論是市景、山景、海景、橋景，登上雙峰的最高點，360度的舊金山盡收眼底。

一日花費小Tips

*以下幣值以美元計算。

海特區早午餐…………… $15
卡斯楚區參觀…………… 免費
雙峰參觀………………… 免費
IKE'S PLACE晚餐 … $10
交通費…………………… $12

Total　　　　　　　$37

走進嬉皮**海特**區與彩虹**卡斯楚**

海特區逛街地圖

Shrader St
Cole St
Clayton St
Haight-Ashbury T-shirt
Pidemont Boutique
Wasteland
Distractions
海特區
[1]
Decades of Fashion
Haight St
Red Victorian Hotel
Belvedere St
Ashbury St
Masonic Ave

卡斯楚地圖

Clayton St

IKE'S PLACE
[4]

Market St

彩虹旗
Rainbow Flag
17th St
Twin Peaks Tavern

F線街車站
[3] 卡斯楚戲院
Castro Theatre

卡斯楚區 [2]
Hot Cookie

Harvey's
19th St
Neo St
Sanchez St

Douglass St
Diamond St
Castro St
20th St

[5] Twin Peaks

交·通·對·策

海特區有許多古著、潮流小店、餐廳、咖啡館，主要集中在Haight街兩旁，喜歡二手和嬉皮文化的朋友，可以從Asbury街與Haight街的交叉口為起點，一路散步到Stanyan街，這區最為熱鬧，店家也最密集，小心別在這買開；從海特區到卡斯楚區，由於坡路高高低低，建議搭乘公車，人多可以叫舊金山的私家計程車Uber或Lyft，方便且價格不貴。當你看到超大的彩虹旗，就表示已經到了卡斯楚區，這裡店家就集中在街道兩旁，只有短短幾個街口，步行可輕鬆逛完，也可搭乘Muni或F線復古車，下車處就在卡斯楚區的街口；到雙峰看風景一定要搭乘交通工具，不然彎彎曲曲的山路，可是一段耗體力的爬行喔！

● 重溫60年代的嬉皮文化

1 海特區
The Haight

✉ 以Haight街為主幹，從Asbury到Stanyan街為熱鬧的逛街區，稱為Upper Haight。從Division到Webster街為Lower Haight，酒吧居多 🚌 公車6、7、33、37、71、71L，在Ashbury St & Haight St站下 🕐 依店家開放時間為主，但入夜後請勿單獨行動 🗺 P.67上

　　櫥窗裡愛與和平的標誌、刺青店裡的龐克人士、穿著鮮豔渲染服飾、兩旁的古董衣店擠滿年輕人、空氣中瀰漫著大麻味和尿騷味，一切就像1967年的夏天，瀰漫著嬉皮文化的精神，也如同經典流行歌《舊金山》歌詞吟唱的：「如果你要去舊金山的話，一定要在頭上戴著鮮花，對那些要去舊金山的人，夏天將會充滿了愛……」曾經這裡是嬉皮文化的顛峰，年輕的男女到這尋求就算離經叛道也不會後悔的解放之旅，他們反對傳統文化對個性的束縛，反對暴力，反對資本主義的拜金，追求心靈自由的馳騁，渴望找回人和人之間的關懷與愛，建立一個美麗烏托邦世界，人們稱他們為嬉皮(Hippie)，或花之子(Children of Flower)。

　　現在的海特區，街道兩旁還保留著當時的時代氛圍，許多愛慕嬉皮的人士，會到這找尋有關他們的電影、音樂、打扮和書籍，到處充滿著嬉皮的影子，完全沒有因為時間的流逝而被遺忘。

刺青、二手古著店林立

店員也裝扮成濃濃的嬉皮復古味

復古60年代

席地而唱的遊民

嬉皮區所在

古著衣物在這裡是潮流指標

顛覆傳統的嬉皮區小店

❦ Red Victorian Hotel

　　充滿了嬉皮風格的旅館，當年提供15美元一晚的住宿，吸引不少嬉皮投宿，經過翻修重建，現在每晚要價百元以上。旅館裝潢走的是嬉皮最愛的民族風和禪風，隨處可見60年代海報，以及愛與和平標誌，房號也貫徹嬉皮風格，以夏日之愛、嬉皮花童屋、天空之光等等命名，彷彿回到當年的迷幻年代。

✉ 1665 Haight St San Francisco, CA 94117　🕐 週一～日 09:00～22:00　☎ 415 864 1978　http www.redvic.com　MAP P.67上

❦ Wasteland

　　如果你以古著衣物為潮流指標，那在海特區絕對讓你瘋狂採買。這裡古董衣店林立，其中又以Wasteland的名氣最大，很多搖滾樂手跟明星喜歡在此放貨，進門左手處的就是舊衣收購櫃檯，常常擠滿了賣衣客。豐富的貨源、挑高的店面，各式各樣40～60年代的有型衣物應有盡有，花一下午淘寶也不為過。

✉ 1660 Haight St San Francisco, CA 94117　🕐 週一～六 11:00～20:00，週日12:00～19:00　☎ 415 863 3150　http www.shopwasteland.com　MAP P.67上

❦ Decades of Fashion

　　喜歡電影《大亨小傳》的風格嗎？女主角黛西穿著瑰麗奢華，配上耀眼的流蘇頭飾，充滿復古摩登的魅力。這種專屬於20年代的風味，在這間店都可以複製重現。店員們的打扮就像是大亨小傳的人物，讓古董衫再也不是老祖母的舊衣，而是一種魅力，完整的呈現時代的風華和多彩。

✉ 1653 Haight St San Francisco, CA 94117　🕐 週一～日 11:00～19:00　☎ 415 551 1653　http www.decadesoffashionsf.com　MAP P.67上

Haight-Ashbury T-shirt

自然暈色花紋的彩色衣物，是嬉皮族代表服飾，這類的衣服被稱為「扎染」，圖案抽象反映了嬉皮族追求的迷幻體驗。除了「扎染」T-shirt外，這間店還販售各式各樣充滿嘲諷意味的潮衣，有的諷刺政治人物、有的諷刺大麻法案，也有一些反玩卡通人物，店內常擠滿著遊客和年輕人。

✉ 1500 Haight St San Francisco, CA 94117
🕐 週一～日 10:30～19:00　📞 415 863 4639　🌐 www.ha-tshirts.com　MAP P.67上

Distractions

創立於1982年，店裡的風格以「維多利亞時代」為主，衣服運用大量的蕾絲、蝴蝶結、荷葉邊、緞帶、多層次蛋糕裙、公主袖等等，喜歡歐洲末代宮廷服飾的朋友不可錯過。另外，店內也販售蒸汽龐克(Steampunk)的風格衣物，充滿著齒輪和金屬色的服飾，是工業時代的影響下獨有的特色。

✉ 1552 Haight St San Francisco, CA 94117　🕐 週一～日 11:00～20:00　📞 415 252 8751　🌐 www.yelp.com/biz/distractions-san-francisco　MAP P.67上

Pidemont Boutique惡女店

穿著紅高跟鞋跟吊帶網襪的性感大腿，正大辣辣踢向空中，這間店的招牌已經上遍各大旅遊書籍，成為海特區的著名地標，我對嬉皮區的第一印象便是這雙誘人的腿。惡女店賣的衣物也大膽有趣，各種顏色的假髮、亮片曝露舞台裝、繽紛的羽毛圍巾，大膽挑戰女士們的穿衣尺度。

✉ 1452 Haight St San Francisco, CA 94117　🕐 週一～日 11:00～19:00　📞 415 864 8075　🌐 www.piedmontboutique.com　MAP P.67上

14:30～16:30

● 自由奔放的彩虹國度

2 卡斯楚區
Castro

✉ 以Castro 街為主幹，由Market，Church，Diamond，20th 街圍起來的區域 ➡ 公車24、33、35、37；Muni K、L、M 線；古董街車F線，都在Metro Castro Station/Outbound站下 🕐 依店家開放時間為主，但入夜後請勿單獨行動 MAP P.67下

專屬男同志的卡片

兔老人

　　在卡斯楚，自由開放是唯一的生活態度。無論是兩個時髦的男子當街親吻、結婚蛋糕上的女女伴侶玩偶、充滿性暗示的櫥窗陳列，還是裸體男女曬太陽看著書，沒有人會對此側目或發出驚訝聲；這裡彩虹旗飄揚高掛，大肆宣揚著同志文化精神，也正因如此，舊金山被稱為世界同性戀之都，不僅吸引了同性戀者，世界各地的遊客也都慕名而來。

　　跟著彩虹旗走，地鐵站出口的「Harvey's Milk」廣場，推崇著他對同志平權的努力，映入眼簾的四個大字「Good Things Take Time」令人不勝唏噓和感動，街尾的Harvey's餐廳因他而改名，店裡的牆上不僅掛滿了同志圈的英雄

和名人，也留下了同志運動的辛酸史；而全美國第一間公開的同性戀酒吧「Twin Peak」，代表著無所畏懼的出櫃勇氣。現在的卡斯楚，不像電影《自由大道》(Milk)裡那般，充滿著流血鬥爭和革命，有的只是開放和寬容，雖然整條街尺度之大依舊讓人臉紅心跳，但也只有在這，同性戀才可以活得這麼自在坦然。

Harvey's 咖啡館

(上)Harvey's Milk廣場 (下)Twin PeakTavern咖啡館

F線直達

● 專門播放同志電影

3 卡斯楚戲院
Castro Theater

✉ 429 Castro St San Francisco, CA 94114　🚌 公車 24、33、35、37；Muni K、L、M線；古董街車F線，都在Metro Castro Station/Outbound站下　☎ 415 621 6120　🕐 以電影播放時間為主　http www.castrotheatre.com　MAP P.67下

　　每年6月的第四個星期日，舊金山會盛大舉行「同志驕傲大遊行」，花車隊伍加上彩虹旗海飄揚，熱鬧的場面，吸引成千上萬的民眾參加，遊行一路從卡斯楚綿延到Market街，參加的同志個個精心打扮，隨著音樂扭動身軀，宛如大型嘉年華會，這也是世界上最著名的同志遊行；在遊行的前一晚，雙子峰會掛上巨大倒粉紅三角旗幟，卡斯楚的沿路商家也會舉辦封街派對直到深夜，當地人稱為「Pink Party」或「Pink Saturday」，任何支持同性平權的人都歡迎加入狂歡。

　　除了遊行和派對外， 在卡斯楚戲院舉辦的「舊金山國際同志電影節」(San Francisco International Lesbian Gay Film Festival)，是6月的另一個重頭戲。這棟古老的戲院，充滿著西班牙風味及文藝復興時期的氣息，是同志電影文化傳播和聚合之地，時常播映許多同志新片，像是陳冲執導的《面子》和李安導演的《斷背山》等等，其中講述Harvey Milk對同性平權奉獻的紀錄片《自由大道》(Milk)，更在此舉辦全球首映，真實的將歷史人物帶回到歷史現場，意義非凡，這也是最具卡斯楚精神的經典電影。

西元1924年的古董戲院

16:30～17:00　　　　　**17:20～19:00**

● 口味多分量足的人氣三明治

4 IKE'S三明治
IKE'S PLACE

✉ 3489 16th St San Francisco, CA 94114　🚌 公車8、24、35、37；Muni K、L、M線；古董街車F線在Castro街下，之後沿著Market街，看到16街轉入　☎ 415 553 6888　🕐 週一～日10:00～19:00　http ilikeikesplace.com　MAP P.67下

　　2007年，兩個大男生在舊金山開了一間叫IKE的三明治店，創辦人IKE還將自己大光頭造型做成Logo，製成T-shirt在店內和網路上販售，不要以為這只是年輕人創業的噱頭，這間店分量十足的三明治，可是好吃到不行，不管任何時候都大排長龍。店裡的三明治都取有獨特的名字，像是「we're just friend」、「superman」等等，名稱各有不同，但用的都是香酥內軟的Dutch Crunch麵包，捲上各式各樣的內餡，有火烤牛肉、炸雞、生菜、蘑菇、酪梨和起司等等，我試過很多口味，每一個都是第一口咬下去就讓人愛上，而且分量很夠，吃半個就飽，算是大快人心的美食。

醒目的光頭招牌

走進嬉皮海特區與彩虹卡斯楚

卡斯楚戲院是西班牙哥德式的白色建築

每年的「同志驕傲大遊行」吸引百萬觀光人潮，是舊金山最火辣的觀光活動之一

19:30～20:30

休息囉

●360度俯瞰舊金山景致

5 雙峰 Twin Peaks

✉ 501 Twin Peaks Blvd San Francisco, CA 94114 ➡ 搭乘 Muni K、L、M在Castro街下，之後轉37號公車 ☎ 415 553 6888 ⊙ 全天 http sfrecpark.org/destination/twin-peaks MAP P.67下

18世紀時，西班牙殖民者來到這，看到山頭上雙峰相連，景致美麗不已，便將此地命名為「印第安少女的乳房」，雙峰位於舊金山地理位置中心，地高無障礙，是一眼看盡舊金山市容的絕佳位置，也是熱門登高健行的景點。從這可以看到金融區、市政中心、惡魔島、東灣、金門大橋和海灣大橋等等，不論是市景、山景、海景、橋景，都一網打盡，但也因為沒有遮蔽物，天氣變化多端，有時陽光普照，有時瞬間大霧，想賞景的話，一定要挑對時間。另外，山上風大而猛，一定要注意多帶件外套。

觀景台

(©Justin Chang張怡德)

噹噹噹～搭著叮噹車玩一天

　　跳上叮噹車，找個自己喜歡的位置，聽著噹～噹～噹的清脆鈴鐺聲，身體隨著舊金山獨有的山坡地形忽上忽下，開始叮噹車的冒險之旅。今天搭乘Powell-Hyde線，沿途會經過逛街天堂「聯合廣場」、貴族山上超美的「慈恩堂」、參觀「叮噹車歷史博物館」，最後是在崎嶇的「九曲花街」呼嘯而下，隨後前往濃濃義大利味的北灘，拜訪文學勝地「城市之光」書局，再到「中國城」感受獨有的華人移民文化。

Day 6 Plan
路線

>> 噹噹噹～搭著叮噹車玩一天

Start

09:00～09:30

1 哈樂迪廣場

復古的叮噹車，是舊金山最迷人的風景，從總站出發，看看手工轉盤的叮噹車車台如何運作。

叮噹車5分鐘

09:40～12:30

2 聯合廣場

到了舊金山的購物天堂，荷包可要看緊，這裡從平民品牌到高級精品一應俱全，一不小心就會買到忘我。

叮噹車5分鐘

12:30～14:00

3 慈恩堂

外觀氣勢宏偉、裡頭莊嚴肅穆，走進這貴族山上最美的天主教堂，心靈頓時一片寧靜。

步行3分鐘

14:00～16:00

4 叮噹車博物館

免費的博物館參觀，看看纜車的運作，了解叮噹車的演變史。

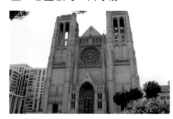

叮噹車8分鐘

16:30～17:30

5 九曲花街

考驗開車者的技術，短短一條街八彎九拐，誰敢來挑戰。

公車11分鐘

18:00～18:30

6 城市之光書店

充滿靈魂的書店，挑戰主流意識，專售獨立反叛的文學書籍。

步行8分鐘

Goal

18:30～21:00

7 中國城

看看牌坊古廟、吃個道地的廣東菜、買買家鄉的南北雜貨，街頭巷尾好不熱鬧。

一日花費小Tips

*以下幣值以美元計算。

叮噹車車票	$15
慈恩堂參觀	免費
叮噹車博物館參觀	免費
九曲花街參觀	免費
中國城晚餐	$15
交通費	$6
Total	**$36**

Lombard St

⑤ 九曲花街
Lombard St

俄羅斯山
Russian Hill

Columbus Ave

Filbert St

Taylor St

Hyde St

SACRAMENTO
唐人街

城市之光書店
City Lights Bookstore
⑥

Broadway St

Stockton St

叮噹車博物館
Cable Car Museum
④

Jackson St

Washington St

⑦
中國城
China Town

貴 族 山
Nob Hill

慈恩堂 ③
Grace Cathedral

費爾蒙飯店
Fairmont Hotel

California St

Powell St

交 · 通 · 對 · 策

今天的行程以叮噹車Powell-Hyde線為主，買好了叮噹車
車票，便可一路暢玩「聯合廣場」、「慈恩堂」、「叮噹
車歷史博物館」跟「九曲花街」。其中「聯合廣場」是著
名的逛街商區，眾多百貨名店都集中在這，很容易讓人忘
卻時間的買開跟逛開，建議可以好好控制時間，不然還沒
到其他景點，天就黑了。從「九曲花街」到位於小義大利
區的「城市之光書店」有一段距離，建議搭乘公車；小義
大利區和中國城比鄰而居，步行就可以輕鬆走逛。

Bush St

聯合廣場
Union Square
②

哈樂迪廣場
Hallidie Plaza
①

Start ---- 09:00～09:30 ---->

●三條路線，各大景點一網打盡

1 哈樂迪廣場
Hallidie Plaza

✉ 1 Hallidie Plz # 701(Powell和Market St.交叉口), San Francisco, CA 94102 ☎ 415 421 7640 🕐 週一～日 06:30～00:30 💲 單程6美元。購買Muni Passport 可無限次搭乘叮噹車和公車，1日無限次票15美元、3日無限次票23美元 🎫 上車買票，或是在聯合廣場的Cable Car票亭(Powell & Market)，漁人碼頭票亭(Hyde & Beach) 🌐 www.sfcablecar.com 🗺 P.76

遊玩鐵則
搭乘Cable Car，有兩個超搶手位置，一是站在叮噹車的台階上，另外一個是在副駕駛旁邊。

紅色車廂Cable Car(©Justin Chang張怡德)

路線一：Powell～Mason

起站在Hallidie Plaza，在這可觀看手工轉盤的叮噹車車台。途經聯合廣場、中國城西邊、叮噹車博物館、北灘的華盛頓廣場、花街下方，終點站在漁人碼頭。

路線二：Powell～Hyde

起站在Hallidie Plaza，途經聯合廣場、貴族山(Nob Hill)、花街上方S型車道入口處、下坡俯衝時前方則是著名的惡魔島、漁人碼頭。

路線三：California Street

起點站在California與Market St.交叉口，途經金融區、中國城聖瑪麗大教堂、慈恩堂、終點站是California St.與Van Ness大道交叉口。

↓叮噹車California線　　→黃色車廂 Power-Hyde線

●逛街激戰區，小心荷包大失血

2 聯合廣場
Union Square

✉ 450 Sutter St San Francisco, CA 94108 ➡ Muni 2、3、4、30、38、45、76；搭乘BART 在Powell Street站下；叮噹車Powell～Mason或Powell～Hyde ☎ 415 982 0846 ⏰ 全年無休 🌐 www.unionsquareshop.com 🗺 P.76

遊玩鐵則
在美國購物，一定要從店最裡面的On Sale專區逛起。

↗12月的聖誕老人快閃活動

聯合廣場位於舊金山市中心，是愛逛街者的一級戰區，附近百貨、品牌旗艦店、精品、美食餐廳和藝廊林立，非常熱鬧。廣場中心有一座高達30公尺的青銅勝利女神像，是為了紀念海軍上將杜威在馬尼拉灣，成功擊退西班牙的紀念碑。廣場周遭種滿高大的棕櫚樹和各式鮮花，圍繞著勝利女神雕像，夏天常有戶外畫展藝廊在此展出，冬天則搖身一變成為溜冰場，每到聖誕節時，總是擠滿人潮，洋溢著溫馨愉快的佳節氣氛。除了女神像外，還有一個超吸睛的地標，就是分布在4個角落的愛心裝置藝術，每一顆愛心都有不同的彩繪圖案，不定時會換上新的圖案，為聯合廣場增添一份浪漫氣息，別忘了去拍拍照。

推薦3間必逛的百貨商場：1.貴婦們最愛的Neiman Marcus，香奈兒、LV、機車包等等都

梅西百貨(©Justin Chang張怡德)

在這找得到；2.世界上第三大的Macy's百貨，共有兩棟百貨分別賣男裝與女裝，橫跨兩大街頭；3.年輕人最愛的West Field購物商場，各式美國潮流品牌在這應有盡有，裡頭還有兩間高級百貨Nordstrom和Bloomingdales。

逛到腳痠，可以到Macy's百貨吃美式連鎖餐廳Cheese Cake Factory，或是在Neiman Marcus來份貴婦級的三層英式下午茶。

聯合廣場全景(©Justin Chang張怡德)

廣場上定時換造型的愛心
(©Justin Chang張怡德)

聯合廣場周邊，讓人失心瘋的店

超值彩妝禮盒

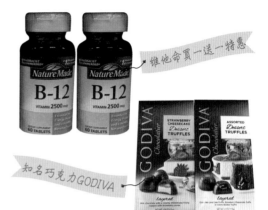
維他命買一送一特惠

知名巧克力GODIVA

✻SEPHORA美妝店

美國最大的連鎖美妝店，任何想得到的彩妝或保養用品，在這通通找得到，可以說是女孩們的天堂，好買指數接近爆表。值得讚賞的是，店內所有展示的商品都可以試用，有不懂的地方，專業的彩妝小姐也會在一旁協助，只要你想帶回家試用的保養品，他們二話不說立刻用小罐幫你裝起來，並寫上商品名，真的是揪感心的一間店。台灣代購很紅的牌子，像是Clarisonic洗臉機和Urban Decay彩妝盤，在這都找得到，而且種類更多喔！

....

✉ 33 Powell St San Francisco, CA 94102 🕐 週一～六10:00～21:00，週日11:00～20:00 📞 415 362 9360 🌐 www.sephora.com 🗺 P.80

✻Walgreens連鎖藥妝店

美國版的屈臣氏，有賣零食、沐浴用品、開架式彩妝品、維他命，裡面也有藥師進駐的藥局；每間店營業時間不太一樣，但大多開滿晚，也有24小時營業的。在這可以找到知名開架品牌Maybelline、Revlon和L'Oreal等等，還有很多促銷的巧克力，舊金山知名的巧克力品牌Ghirardelli就很常打對折；另外，華人愛買的維骨力、善存和Naturemade維他命也常促銷特價。美國的醫療費超貴，如果不小心感冒腹瀉，可以在這諮詢藥劑師，先買些成藥應急，省去一大筆費用。

....

✉ 135 Powell St San Francisco, CA 94102 🕐 週一～日06:00～00:00 📞 415 391 7222 🌐 www.walgreens.com 🗺 P.80

聯合廣場購物地圖

Sutter St
Banana Republic
NIKE
Saks Fifth Avenue
Stockton St
Grant Ave
Levis
Post St
Powell St
聯合廣場
Geary St
Mason St
Macy's
Neiman-Marcus
Macy's (Men's)
Walgreens
O'Farrell St
5th St
H&M
Uniqlo
Urban Outfitters
Anthropologie
4th St
Ellis St
SEPHORA
Forever 21
Gap
BART Powell St站
Westfield百貨
叮噹車起站
Cable Car
Market St

● 為百貨商場

Urban Outfitters服飾店

　　店內的商品走復古純真和潮流路線，常與不同設計師合作推出聯名款，雖然價位稍高於Forever21，但質料材質相對較好。除了賣服飾鞋子外，還有許多其他商品，像是：壁畫、地毯、飾品台、LOMO相機、立可拍、特色餐具、書籍等等，在裡面可以發現很多有趣的東西。

✉ 80 Powell St San Francisco, CA 94102　🕐 週一～六09:00～23:00，週日10:00～22:00　📞 415 989 1515　http www.urbanoutfitters.com　MAP P.80

Forever 21服飾店

　　位於Powell街上的旗艦店，坪數超大樣式超多，店內便宜又好買的流行時裝，平均單價在台幣500元左右，很容易讓人一袋又一袋的掃貨。老板是美籍韓國人，也許是因為他的亞洲背景，這裡的衣服剪裁相對較適合東方人，加上流行性強，每季不斷推出新款式，讓它深受年輕人喜愛。

✉ 7 Powell St San Francisco, CA 94102　🕐 週一09:00～22:00，週二～五10:00～22:00，週日10:00～21:30　📞 415 765 9908　http www.forever21.com　MAP P.80

Anthropologie服飾家具店

　　以木頭為基底的裝潢，營造出令人溫暖的鄉村風，讓客人走進去宛如置身於歐洲小屋般。喜歡廚房雜貨和小玩意的人，在這裡肯定流連忘返，店內的小碟子、茶杯、碗盤、飾品碟、珠寶盒等等，都超級可愛迷人的，每樣都好想帶回家，是大受歡迎的家飾服裝店。

✉ 880 Market St San Francisco, CA 94102　🕐 週一～六10:00～20:00，週日11:00～19:00　📞 415 434 2210　http www.anthropologie.com/anthro/index.jsp　MAP P.80

當噹噹～搭著叮噹車玩一天

天堂之門

主入口

講道台

● 貴族山上最美的天主教堂

3 慈恩堂
Grace Cathedral

✉ 1100 California St, San Francisco, CA 94108 ➡ 搭乘 California Street線的纜車，在California and Taylor站下車即是。或者搭乘Powell-Hyde線、Powell-Mason線纜車，在Powell and California站下車後，往東走2個街區即到 ☎ 415 749 6300 💲 免費。入口有自由樂捐，建議10美元 🕐 週一～五 07:00～18:00，週六08:00～18:00，週日07:00～19:00，全年無休 🌐 www.gracecathedral.org 🗺 P.76

外觀仿造巴黎的聖母院，內部莊嚴肅穆，這座高聳的哥德式建築物，是舊金山最美輪美奐的天主教堂，就坐落在貴族山的最頂端。黑人民權領袖馬丁路德金博士、達賴喇嘛和大主教圖圖(Desmond Tutu)都曾在此講道，教堂每日會舉辦不同的頌唱、禱告和聖餐，此時塔樓的大鐘會隨著敲響，動聽悠遠，神聖美好。即使沒有特別的宗教信仰，來到這，肅穆虔誠的頌聲亦令人感到心靈上的平靜。

幾個主要景點有：1.吉柏提(Ghiberti)大門：這是吉柏提「天堂之門」的臨摹作品，門上10塊的金色浮雕，刻劃著亞當與夏娃、領受十誡的摩西等等10幅不同聖經故事。2.迷宮(Labyrinth)：古老神聖的幾何圖形，每週五中午有步行冥想活動，隨著畫圈的圖形漫步而走，

遊玩鐵則
想深入了解慈恩堂歷史背景，可參加免費導覽。假日12:30～14:00，平日13:00～15:00。

象徵著悟道的心靈之路；週二傍晚則是瑜珈練習。3.走廊壁畫：描繪大教堂、舊金山和加州的歷史，由知名藝術家Antonio Sottomayor和John DeRosen所製。4.瑪麗馬德琳娜(Mary Magdelene)畫像：慈恩堂第一位委任的女主教。5.玫瑰窗：8公尺的圓形花窗，靈感來自於「太陽頌歌」，是對造物者的讚頌。

走廊壁畫

● 參觀叮噹車的演變歷史

紅磚復古的博物館

4 叮噹車博物館
Cable Car Museum

✉ 1201 Mason St San Francisco, CA 94108 ➡ 叮噹車 Powell～Mason或Powell～Hyde線皆有停靠，California線在 Mason Street 站下，往北走3個街口 ☎ 415 474 1887 💲 免費 🕐 週一～日10:00～18:00 http www.cablecarmuseum.org MAP P.76

舊金山早期的交通運輸是以馬匹為主，但山坡陡斜，馬匹運送不易，有一位名叫哈樂迪(Hallidie)的人因為目睹5匹馬不堪負重而當場斃命，決心要改善此問題，他利用父親在纜

叮噹車設計者哈樂迪先生

索製造上的專業，在1873年設計出一部適合舊金山地形的交通纜車，由於車頭配有鈴鐺，大家稱它為「叮噹車」。時至今日，叮噹車成為舊金山獨有的特色風景，當它經過時，總可以聽到清脆的鈴聲響徹街頭，每年載過的乘客超過1千萬人，是來到舊金山必搭交通車。也因為大受在地人和旅客的歡迎，在貴族山成立了一個免費的叮噹車博物館，透過不同年代的叮噹車和古董零件，近距離的觀看

14:00～16:00

只能向下的單行道，考驗開車技術

● 挑戰世界上最彎曲道路

5 九曲花街
Lombard Street

✉ Lombard Street (在Hyde街和Leavenworth街中) ➡ 搭乘叮噹車Powell～Mason或Powell～Hyde線，在Lombard Street站下 🕐 全年無休 MAP P.76

舊金山的地形是山坡接著山坡，聽起來似乎沒什麼稀奇，但這個位於Hyde街和Leavenworth街的單行街道，斜度將近40度，內有8個急轉彎，是世界上最崎嶇的路，號稱非常會開S型的朋友，曾開玩笑說要倒著開下去，雖然沒聽說他是否挑戰成功，但這八彎九拐的街

纜車運作，讓遊客可以更了解其發展和歷史，館內還有一個紀念品店，可以買到各式各樣的叮噹車、復古車牌或相關商品。

復古街牌

實際體驗纜車運轉的轟轟聲

16:30～17:30

道，正考驗著開車者的技術，也是訓練膽量的好地方。每到春夏，這裡盛開繡球、玫瑰和菊花，將花街點綴得花團錦簇，十分美麗，不敢

開車的朋友，不妨沿著兩旁的人行步道，漫步欣賞風景，登頂時，海灣大橋和科伊特塔的美麗景致就盡收眼底。

從至高點可以看到科伊特塔和舊金山全景

●專售反版的非主流文學書

6 城市之光書店
City Lights Bookstore

✉ 261 Columbus Ave San Francisco, CA 94133 　➡搭乘BART 或Muni在Montgomery 站下，往北走10個街口，或搭乘30號 公車在Stockton St & Pacific Ave站下 　☎ 415 362 8193 　🕐 週一～日10:00～00:00 　http www.citylights.com 　MAP P.76

世界各地旅客慕名而來

1953年費林蓋蒂和彼得馬丁創立「城市之光」書店，是美國第一間販售平裝書的書店，

閱讀中，入內請保持安靜

在這可以找到美國非主流的政治觀點、絕版的禁書、冷門的詩集和發展中國家的作者書籍等等，《舊金山垮掉的一代》的作者比爾摩根曾說：「城市之光」書店擁有輝煌的歷史，在今天同樣具有重要的意義，因為總有人願意去尋找獨立的文字和另類的聲音，尋找那些不是在任何地方都能找到的東

18:00～18:30

●熱鬧觀光區，展現華人奮鬥史的縮影

7 中國城
China Town

✉ Grant Ave and Bush St San Francisco, CA 94101 　➡公車 1、2、3、4、15、30、45，叮噹車California線在聖瑪麗古 教堂站下 　http www.sanfranciscochinatown.com 　MAP P.76

懷抱著淘金夢的中國人，在1849年移居到舊金山，帶動第一批的華人移民潮，1860年銀行

中國城的入口牌坊

家克洛克為了興建太平洋鐵路，從廣東招募了大批的勞工，成為第二波移民，但廉價的中國勞工，卻在美國失業率節節上升之際，成為眾所怨恨的代罪羔羊，「黃禍」這個貶詞也甚囂塵上。

而早期移民的華人，以中華民國的國父孫中山先生最為有名，1910年他在唐人街新呂宋巷36號策劃召開舊金山同盟會支部成立大會，並創立了《少年中國晨報》，中國城內的入口牌坊上，可以看到他所題的「天下為公」四字，是遊客最愛合照的景點，也是中國城的代表地標；位於華盛頓街上的三和粥麵館，是當年他最常吃的百年老店，只可惜在2012年因衛生問題被勒令歇業，附近的聖瑪麗廣場上還矗立一

作

西。的確，若沒有這間書店的反叛和反主流文化精神，或許披頭族的文化跟後續的嬉皮運動就無法發揚光大。直到今日，店內還維持當時的精神跟原貌，是一間具有靈魂的書店。

具有時代意味的紀念明信片

藏書豐富

18:30～21:00　　休息囉

老外最愛的中國風禮品店

座他的雕像，讓遊客感懷他曾走過的足跡。

今日這個熱鬧的中國城，已不見當年的歧視跟排華情緒，取而代之的是絡繹不絕的外國遊客，隨處可見傳統的中國字招牌和家鄉的南北雜貨，唱著京戲的鑼鼓聲不時響徹街頭，繁榮的大街代表著中國人的辛勤和堅毅，卻也見證了這一路的風霜和辛酸。

中英文交雜的街坊(©Justin Chang張怡德)

濃濃東方味的中國城小吃

Broadway St
●城市之光書局
City Lights Bookstore

Grant Ave
Columbus Ave

Pacific Ave
金門餅家 🍴
Golden Gate Bakery

Kearny St

Jackson St 🍴

金門幸運餅食公司
Golden Gate Fortune Cookie Factory

Clay St 🍴

天后宮
Tin How Temple

嶺南小館
R&G Lounge

Sacramento St

聖瑪麗古教堂
California St Old Saint Mary's Cathedral

Pine St

中國城牌坊●
Chinatown Gate

🍴金門餅家Golden Gate Bakery

中國城內無人不曉的傳統餅店，每到假日，門口必定大排長龍，都是衝著它的蛋塔慕名而來。它的蛋塔奶香四溢，蛋餡厚實，口感滑嫩，讓人一口接一口，每次出爐都立刻完售，是店內的人氣招牌商品，在異鄉住久了，能吃到這種傳統味，每每都讓人感動。除了蛋塔外，店裡還販售其他傳統餅類，像是老婆餅、月餅、蓮蓉酥等等，也深受客人喜愛。

(©Justin Chang張怡德)

✉ 1029 Grant Ave San Francisco, CA 94133 🕐 週一～日 08:00～20:00 📞 415 781 2627 http goldengatebakery.com
MAP P.86

🍴嶺南小館R & G Lounge

以椒鹽螃蟹出名的嶺南小館，是中國城內唯一一間獲得米其林認證粵菜餐廳，精緻的料理口味，不但擄獲許多外國觀光客的心，也同時收服華人挑剔的口味，美國總統歐巴馬和他的兩位女兒都曾到此用餐跟外帶港式點心，是來舊金山必吃的華人美食。除了螃蟹外，店內的炒飯、北京烤鴨、玫瑰雞等等都值得一試，但一定要提前預約，不然會白跑一趟喔！

✉ 631 Kearny St San Francisco, CA 94108 🕐 週一～日 11:30～21:00 📞 415 982 7877 http rnglounge.com MAP P.86

🍴金門幸運餅食公司
Golden Gate Fortune Cookie Factory

在美國和加拿大的中式餐廳用餐，飯後一定會送上一盤元寶形的幸運餅乾(Fortune Cookie)，咬開後，裡面藏著不同的籤言和幸運數字，是一道非常趣味的點心。而這風靡國外的小餅乾，正是在舊金山發明的，位於羅斯巷內的金門幸運餅食公司，現今仍可以看到製餅的過程，但注意，拍照可是要收錢的喔！

✉ 56 Ross Alley San Francisco, CA 94108 🕐 週一～日 09:30～18:00 📞 415 781 3956 http www.sanfrancisco chinatown.com/attractions/ggfortunecookie.html MAP P.86

遊玩鐵則
在這裡拍照要收錢喔！

(@Justin Chang張怡德)

全壘打！來棒球場瘋一下

　　安打！安打！全壘打！2014年舊金山巨人隊拿下MLB世界大賽冠軍，全城都瘋了！Market街上灑滿了橘色彩紙花、綿延好幾條街的勝利遊行和沒日沒夜的狂歡派對，讓整個灣區開心了好久。棒球是美國全民的消遣，也是生活中的一部分，來到大聯盟的冠軍球場，說什麼也要留下足跡，體驗一下這獨有的美式文化。參觀完「AT&T球場」，可以到附近的「舊金山當代博物館」和「芳草地花園」走走，感受一下城市裡的詩意生活，沐浴在藝術的氣息之下。

Day 7 路線 plan

>>全壘打！來棒球場瘋一下

Start

09:30 ~ 12:00

1 AT&T球場

走一趟冠軍球場，重溫功夫熊貓(Pablo Sandoval)、馬可(Marco Scutaro)以及波西(Buster Posey)在世界大賽的輝煌英姿。

公車11分鐘

12:00 ~ 13:00

2 La Boulange 麵包坊

不管是甜點麵包，還是鹹派三明治，都洋溢著濃濃的法式風情。

步行3分鐘

13:15 ~ 17:00

3 舊金山當代藝術博物館

愛逛博物館的人必去！典藏超過萬件的畫作、雕塑、影片和照片，是欣賞當代藝術品的不二首選。

步行3分鐘

17:15 ~ 19:00

4 芳草地花園

城市裡的綠洲，免費的露天音樂會跟如茵的草皮，好有偷得浮生半日閒的「小資」情調。

步行5分鐘

Goal

19:15 ~ 21:30

5 加州創意廚房

飄散的披薩香令人食指大動，到了加州創意廚房，怎能不發揮創意來份獨特的披薩。

一日花費小Tips

*以下幣值以美元計算。

AT&T球場參觀	$22
La Boulange 麵包坊午餐	$10
舊金山當代博物館門票	$25
芳草地花園參觀	免費
加州創意廚房晚餐	$20
交通費	$6
Total	**$83**

1 AT&T球場
AT&T Park

King St

Branman St

80

2nd St

3rd St

80

4th St

Folsom St

Mission St

5 加州創意廚房
California Pizza Kitchen

3 舊金山當代藝術博物館
San Francisco Museum of Modern Art

4 芳草地花園
Yerba Buena Gardens

莫斯康尼會展中心
Moscone Center

2 La Boulange Bakery

交·通·對·策

今天的行程以「AT&T球場」為主，剛好碰上球季的話，看場球賽就會花上半天或是一晚上的時間。前往球場以Muni公車最為方便，很多站都有停靠；如果你正好在碼頭附近又腳力不錯的話，也可步行前往。沒有球賽僅參觀球場的話，不妨利用下午時間參觀「舊金山當代藝術博物館」跟在「芳草地花園」閒晃用餐；博物館、公園跟文中提到的2間餐廳僅僅一街之隔，步行就可以到達，附近還有許多商店跟購物廣場，是需要花費較多體力、時間跟購物金的地方。

89

● 冠軍球隊的球場

1 AT&T球場
AT&T Park

✉ 24 Willie Mays Plz San Francisco, CA 94107 ➡ Muni
10、30、45和47，在3rd St& Brannan St下 ☎ 415 972
2000 💲 成人22美元、55歲以上老人17美元、12歲以下孩
童12美元，在Giants Dugout Store或官網購買 🕐 週一～日
10:00～17:00，球場導覽：週一～日10:30和12:30，約90
分鐘 http sanfrancisco.giants.mlb.com/sf/ballpark MAP P.89

AT&T球場是一座位於舊金
山海灣的露天棒球場，也是美
國職棒大聯盟巨人隊的主場，
場中可以看到美麗的海灣景致
和海灣大橋，被譽為大聯盟最
美的球場。它也是第一個私
人集資的球場，2012年巨人
隊拿到總冠軍時，據說全
公司1千多位員工都有拿到
一枚冠軍戒指喔！真是非
常酷的一間公司。

(©Justin Chang張怡德)

300坪的紀念商品店

參觀球場，有幾個
一定要打勾的景點。
首先是正門口處，
一座9尺高的Willie
Mays雕像，這位1951
年到1973年背號24的
偉大球員，生涯共擊
出660支全壘打數，門口前的24棵棕櫚樹也是為
了推崇他的成就。在球場左外野處有一只仿造
1927年代的老舊四指手套和一座可口可樂瓶罐
造型的溜滑梯，每當巨人隊敲出全壘打時，瓶
身就會冒出泡泡，外框還會伴隨著一閃一閃的
小星星，小朋友可以來這玩溜滑梯或在迷你球
場練習。因為鄰近海灣，球場刻意將右外野的
觀眾席做淺，每當球員轟出全壘打，球就會飛
進海灣裡，常看到有人划著小船在灣面上等著
撈球，非常狂熱；球場內部有10個紀念品販賣
部，其中一壘區的店鋪高達兩層樓，超過300
坪，各種周邊商品在這應有盡有喔！

俯瞰海灣的露天球場

參觀球場初體驗

　　若是恰好在球賽季節來訪舊金山，不妨排開所有行程，看一場職業級的大聯盟比賽，不管懂不懂棒球規則，現場超嗨的比賽氣氛，絕對讓人不由自主的發出加油聲；緊張時刻，左右兩旁球迷還會互相搭肩唱歌，中場更有炒熱氣氛的遊戲和影片回顧，再叫份熱狗跟花生，一定是永生難忘的看球經驗。如果沒碰上球季，1週7天、1天2次的球場參觀，也是體驗美國棒球文化的特別經驗。

　　參觀時間約90分鐘，專業的導覽員會詳細介紹整個球場與球隊的歷史，然後走訪客場球員休息室、球場邊的球員休息區、媒體記者室和VIP包廂，還有球隊歷史文物的收藏展示間，在這可看到出色球員的簽名球、球棒、專屬大頭娃娃，跟2010年的世界大賽冠軍紀念盃。導覽員也會滿足球迷們各種五花八門的疑問，像是本壘正後方的票價一張至少400美元起；計分板下方有一小區有機農場，販售各式新鮮蔬果；貴賓室提供什麼餐點等等問題，很多有趣的獨家消息，要親身走一次才知道的喔！

↖卡通裝

戰績輝煌的勝利品

VIP專屬餐廳

╱Brian Wilson
的搖頭公仔

跟著導覽員逛球場

各大球星親筆簽名球

Matt Cain　　Tim Lincecum　　Barry Zito　　Pa

Dave Righetti　　Ron Wotus　　Bruce Bochy　　Hensley Meulens

● 重現法式街角氣氛

2 La Boulange麵包坊
La Boulange Bakery

✉ 781 Mission St San Francisco, CA 94103 ➡ Muni14、15、30和45，BART在Powell或Montgomery站下 ☎ 415 777 8667 🕐 週一～日07:00～19:00 http laboulangebakery.com 🗺 P.89

老板Pascal Rigo7歲就開始在法國帕耶的一家鄉村麵包店工作，自此之後開始專注於法國傳統烘焙工藝，曾與巴黎多位知名麵包師學習共事，他擅長用上好的新鮮原料與精湛手工藝製作甜點麵包；長大後移居舊金山，並在1999年創立La Boulange法式麵包

午餐沙拉

店，2012年星巴克以1億美元買下了它，現在美國星巴克的麵包甜點都來自於它們。除了甜點麵包之外，店

各式甜點麵包

內販售的三明治鹹派等輕食也都在水準之上，老板也很大方的讓客人試嘗各式果醬，超多口味就放在餐台上，連Nutella的巧克力榛果醬都有喔！光是這點就讓我再三光顧。

法式風格的咖啡專用碗　各式果醬販售

12:00～13:00　　13:15～17:00

● 館藏豐富的當代藝術館

3 舊金山當代藝術博物館
San Francisco Museum of Modern Art (SFMOMA)

✉ 151 Third Street San Francisco, CA 94103 ➡ Muni 14、15、30和 45，BART在 Powell 或 Montgomery 站下 ☎ 415 357 4000 💲 成人25美元、55歲以上老人18美元、學生14美元 🕐 休館至2016年春天，收藏品將在市區各博物館分別展出，請上網到「行動博物館」查詢時間和細節 http www.sfmoma.org，「行動博物館」www.sfmoma.org/visit/day_trips 🗺 P.89

新館建築外觀(©SFMOMA)

舊金山當代藝術博物館由瑞士建築師瑪利歐波塔(Mario Botta)設計，於1995年開幕，建築的外觀是濃濃的現代主義風格，外牆由紅棕色的石頭和磚牆砌成，搭配頂層幾何圖形的黑白圓柱塔，放眼望去相當搶眼。開幕10多年來，因館內的收藏品逐漸增加，遊客的人數屢創新高，博物館決定進行為

期3年的擴建計畫，邀請挪威知名建築事務所Snohetta共同設計整體建築，高達10層樓的新館將採用有波浪條紋的白色混凝外牆，並融入

藝文展覽廳(©SFMOMA)

●與青草地上來個午後約會

4 芳草地花園
Yerba Buena Gardens

✉ 745 Mission St San Francisco, CA 94103 　➡ Muni 14、15、30和45，BART在Powell 或 Montgomery站下 　📞 415 820 3550 　🕐 週一～日06:00～22:00 　http yerbabuenagardens.com 　MAP P.89

　　德國哲學家海德格爾曾說：「人生的本質是詩意棲息在大地上。」在水泥大樓林立的舊金山市區，有一塊遼闊的綠地，讓附近居民和遊客可以悠閒躺臥，盡情享受午後陽光，詩意的生活著，城市人叫它芳草地花園。以前在附近上班時，就喜歡和同事拿著三明治，隨地而坐在如茵的草地上，悠哉的吃著午餐；每年5月～10月間還有年度藝術家表演，小型的舞台上常有不同的音樂家演唱，讓居民不費吹灰之力就享受一個有情調又放鬆的午後時光。接下頁➡

馬丁路德金紀念瀑布

花園一角

全壘打！來棒球場瘋一下

17:15～19:00

綠能與互動設計的概念，預計在2016年春天開放，為舊金山嶄現不同風貌。

　　閉館期間，博物館推出「SFMOMA On the Go」行動博物館，你所知道的大師級畫家馬蒂斯、畢卡索、夏卡爾、里維拉、芙列達等等作品，都會在屋崙加州博物館、柏克萊藝術博物館、史丹佛博物館等展出，讓喜歡的朋友依舊可以看到這些頂級的現代藝術品。至於超好買的紀念商品店，目前暫時移居到芳草地花園正對面，店內販售商品種類達幾千種，品項從生活用品到服飾配件都有，讓你看得到也買得到這些藝術設計品。

未來的大廳入口(©SFMOMA)

紀念商品店

東花園的熨斗雕塑

除了廣場花園散步外，芳草地花園還有幾個不可錯過的景致。隱藏在瀑布後的馬丁路德金紀念走廊，著名的民權演說「I have a dream」就被翻譯成外國不同語言在此展示；東花園裡的熨斗雕塑，從這拍出去的當代美術館最好看；出口一側是全市最大的莫斯康尼會展中心，因蘋果全球開發者大會而馳名國際；猶太博物館、芳草地美術館、舊金山現代美術館、墨西哥博物館、超大雜貨商場Target和知名電影院AMC等等也都圍繞四周。

17:15～19:00　　　19:15～21:30　　　休息囉

●傳統披薩口味大革新

5 加州創意廚房
California Pizza Kitchen

✉ 53 Third Street San Francisco, CA 94103　➡ Muni 14、15、30和45，BART在Powell或Montgomery站下　☎ 415 278 0443　🕐 週一～四11:00～22:00，週五～六11:00～23:00，週日11:30～21:00　http www.cpk.com　MAP P.89

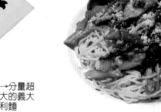
→分量超大的義大利麵

來到加州一定要試一下原創的California Pizza Kitchen，這間1985年成立於比佛利山莊的加州風味餐廳，以充滿想像力的創意手工披薩聞名，它顛覆傳統吃法，首度將各地傳統菜肴融入披薩口味當中，深受很多好萊塢明星喜愛。雖然台灣現在也有連鎖餐廳，但在加州口味，更多元更正宗，分量也更大喔；推薦充滿傳統加州風味的加州總匯披薩，配料是新鮮酪梨和番茄加上碳烤雞丁，皮酥料香；牙買加瘋雞披薩，一口咬下去，滿嘴洋溢著加勒比海風情；

店內的義大利麵和沙拉也都值得一試，最棒的是價位經濟實惠，適合和一群朋友聚餐聊天。

↖泰式風味披薩

學舊金山人漫步金門公園 *

　　金門公園是舊金山最大的都會公園，東西寬五公里、南北長一公里，從貝克街一路延伸到太平洋海岸，占地是紐約中央公園的2.5倍，它原是一片荒蕪的沙丘地，在1870年時，由蘇格蘭庭園設計師約翰麥克拉倫將它重新改造，成為今日清新優雅的公園。公園裡的瀑布、湖泊、蒼翠的林木及奇異的花卉隨處可見；並結合了博物館、遊樂場及大型的運動場，是市民最愛的休憩場所。每年8月在此舉行的「Outside Land」音樂節，更是舊金山最大的音樂盛事之一，也是不可錯過的指標活動。

Day 8 plan 路線

>>學舊金山人漫步金門公園

Start

09:30 ~ 14:00

① 加州自然科學博物館

號稱全球最「綠」的博物館，綜括海陸空生物，結合教育、展覽、研究為一體，足夠旅客花上一天時間遊覽。

步行約2分鐘

(©California Academy of Sciences)

14:05 ~ 14:30

② 音樂廣場

看似幽靜壯觀的圓頂舞台，後方卻藏著好吃的快餐車，暑假期間還有免費的露天音樂會，是避暑遮雨休憩的好地方。

步行約12分鐘

14:40 ~ 17:00

③ 史托湖

金門公園內最大的人造湖泊，可以和情人好友一同划船、餵食小鴨小魚，伴著湖光美景，讓人心情大好。

公車30分鐘

17:30 ~ 19:00

④ 海洋灘

走完了金門公園，可以搭公車前往海洋灘，欣賞這一望無際的海岸線，或跟著海風一起追逐浪花。

步行約5分鐘

Goal

19:00 ~ 21:00

⑤ 懸崖屋餐廳

當暮色降臨，靜靜地坐在窗邊，欣賞壯麗的日落，吃著米其林級的美食，人生一大享受。

一日花費小Tips

*以下幣值以美元計算。

加州自然科學博物館門票	$29.95
音樂廣場參觀	免費
史托湖划船	$20
海洋灘踏浪	免費
懸崖屋餐廳晚餐	$20
交通費	$6
Total	$75.95

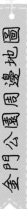

學舊金山人漫步金門公園

金門公園周邊地圖

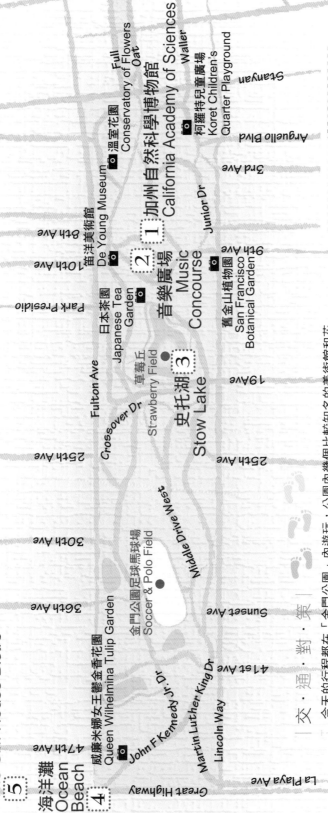

1 加州自然科學博物館 California Academy of Sciences

2 音樂廣場 Music Concourse

3 史托湖 Stow Lake

4 海洋灘 Ocean Beach

5 懸崖屋餐廳 The Cliff House Bistro

溫室花園 Conservatory of Flowers

笛洋美術館 De Young Museum

柯羅特兒童廣場 Koret Children's Quarter Playground

日本茶園 Japanese Tea Garden

舊金山植物園 San Francisco Botanical Garden

草莓丘 Strawberry Field

金門公園足球馬球場 Soccer & Polo Field

威廉米娜女王鬱金香花園 Queen Wilhelmina Tulip Garden

Full
Oat
Waller
Stanyan
Arguello Blvd
3rd Ave
Junior Dr
9th Ave
Park Presidio
8th Ave
10th Ave
Fulton Ave
Crossover Dr
19 Ave
25th Ave
25th Ave
Middle Drive West
30th Ave
Sunset Ave
36th Ave
41st Ave
John F Kennedy Jr. Dr
Martin Luther King Dr
Lincoln Way
47th Ave
Great Highway
La Playa Ave

|交・通・對・策|

今天的行程都在「金門公園」內遊玩，公園內幾個比較知名的美術館和花園，像是「加州自然科學博物館」、「日本茶園」、「笛洋美術館」和「史托湖」等等，都集中在步行可以輕鬆到達的距離；如果想前往其他景點的話，公園內的5號或5L公車大都有停靠，但因每站皆停，所以車程時間較長，像是「海洋灘」開車前往只需要8分鐘，但搭乘公車就需花費30分鐘。另外在「音樂廣場」後頭，有自行車、電動車、多人腳踏車出租，如果覺得公車搭乘時間過長，或想在公園深度遊覽，不妨可以考慮租借。

97

● 白天看展覽，夜晚搖身變夜店

① 加州自然科學博物館
California Academy of Sciences

熱帶雨林館

✉ 55 Music Concourse Dr San Francisco CA 94118 🚌 可搭乘Muni N-Judah線、44號-O'Shaughnessy線或5號-Fulton線在Music Concourse Drive站下 ☎ 415 379 8000 🕐 週一～六09:30～17:00，週日11:00～17:00，週四18:00～20:00(Night Life)，感恩節和聖誕節不對外開放 💲 白天成人票29.95美元，孩童票24.95美元，夜間成人票12美元 http www.calacademy.org ℹ️ 週四晚的Night Life限21歲以上入場 MAP P.97

博物館正門口

全美最現代化的綠能博物館，以其獨特的生態屋頂著稱，設計師和植物學家將1,700萬棵加州本地植物種植在屋頂上，覆蓋了2.5萬英畝的區域，寬廣的綠草地不僅和公園景色合而為一，更有調節溫度的作用，走在館內可以感受到明亮天窗透著陽光，環保綠能的巧思，處處可見。館內有4個不同的展覽館：水族館、天文館。自然歷史博物館和4層樓高的熱帶雨林館，自2008年改建開幕後，已經成為舊金山的熱門景點，也是假日全家出遊的好去處。

Start 　 09:30～14:00 　 14:05～14:30

● 拍照、休憩、覓食的好地方

② 音樂廣場
Music Concourse

✉ 55 Tea Garden Sr San Francisco, CA 94118 🚌 可搭乘Muni N-Judah線、44號-O'Shaughnessy線或5號-Fulton線在Music Concourse Drive站下 ☎ 415 386 1923 🕐 全天候開放 💲 免費 http sfrecpark.org/destination/golden-gate-park/music-concourse MAP P.97

外形似古典神廟建築，這座橢圓形的音樂廣場，位於加州科學博物館跟笛洋美術館之間，是遊客避暑、遮雨和休憩的好地方，也是許多婚紗照的拍攝景點。暑假期間常有許多免費的戶外音樂會及演唱會舉行。廣場後方聚集了幾輛快餐車，包括鼎鼎有名的Sam's Chowder也在這駐點，它的龍蝦三明治遠近馳名，不可錯過。如果想租腳踏車遊金門公園，這裡也有提供服務。走累了或想稍稍填飽肚子，可以在這得到完全的滿足。

館內最受歡迎的是熱帶雨林生態館，外觀像一個巨型的透明球，裡面有五層圈走道，讓你看到整個熱帶亞馬遜河流域的生態擬真；而為了讓裡面的動植物生存，館內的溫度和濕度比較高，走在其中如同身歷其境，配上解說員的熱情解說，好玩又有趣。

另外不可錯過的就是每週四晚上的Night Life，全館搖身一變為舊金山最時髦的夜店，酒吧、DJ播放熱門音樂，還有街頭藝人裝扮成各種動物，不停穿梭表演，讓你可以邊跳舞邊夜遊博物館，氣氛超High！時間允許的話，一定要體驗一下這獨有的博物館之夜。

綠能屋頂(©California Academy of Sciences)

夜生活(©California Academy of Sciences)

自然歷史館(©California Academy of Sciences)

14:40～17:00

●悠閒的划船遊湖餵水鴨

3 史托湖
Stow Lake

✉ 50 Stow Lake Dr San Francisco, CA 94118　➡ 位於金門公園內，日本茶園後方，沿著Stow Lake Dr走5分鐘即可抵達　☎ 415 386 2531　🕐 週一～五10:00～18:00，週六～日10:00～19:00　💲 划槳船每小時20美元，踏板船每小時25美元，電動船每小時34美元　http www.stowlakeboathouse.com　MAP P.97

沿著Stow Lake的小路走，穿過幽靜的林蔭小道，就可以看到這金門公園內最大的人造湖泊。這裡湖水平靜，風景優美，很適合情侶划船遊湖，享受一段悠閒的浪漫時光；當然全家出遊也可以在此得到許多樂趣，最吸引我的，就是成群的水鳥鴨子，牠們會不停的向遊客要食物，手中的吐司餅乾，常常一瞬間被掃光，幸運的話還可以看到湖中超大的錦鯉魚。湖中還有一座小島，上面有假山、中國涼亭，和詩

意的碎石小徑與人造瀑布，優美的景色伴著湖光，讓人煩惱全消。

●加州最美海灘，衝浪者的最愛

4 海洋灘
Ocean Beach

✉ Fulton St & Great Hwy Golden Gate National Recreation Area San Francisco, CA 94121 ➡ 可搭乘Muni N-Judah線或公車5、5L，在Ocean Beach站下 ☎ 415 561 4323 ◉ 全天候開放 $ 免費 http www.parksconservancy.org/visit/park-sites/ocean-beach.html MAP P.97

一望無際的海岸線

坐落於舊金山的西海岸，面對金門公園，為金門國家風景區的一部分，由美國國家公園管理局管理，是舊金山沿岸最長的海灘，也被譽為加州最美的海灘。假日人潮眾多，是衝浪者的樂園，也是居民遛狗、散步、慢跑的好去處，許多旅人會

特地開車到此欣賞風景，這裡也有許多漂亮的獨棟豪宅，不論房價還是租金都是屬一屬二的高。舊金山的天氣雖然均溫，但沒有太陽時，還是寒風刺骨，遇上海風過大時，不妨到沙灘對面的山林小徑走走，滿山的柏樹跟青松也是一番風景。

這裡的沙灘是歡迎狗狗的喔

17:30～19:00 **19:00～21:00** 休息囉

●擁有無敵海景的咖啡廳

5 懸崖屋餐廳
The Cliff House Bistro

✉ 1090 Point Lobos Ave San Francisco, CA 94121 ➡ 位於海洋灘北邊，可搭乘Muni N-Judah線，在Ocean Beach站下 ☎ 415 386 3330 ◉ 週一～四09:00～21:30，週五～六09:00～22:00，週日08:30～21:00 http www.cliffhouse.com/home/index.html MAP P.97

自19世紀末，這棟建築物就一直坐落在舊金山的西北角，高高的立在懸崖之上，俯瞰著太平洋海岸。最早以前這裡是一棟8層樓高的維多利亞建築，吸引不少名流和有錢人來玩，當年的羅斯福總統和馬克吐溫都曾是座上賓客；它也歷經了火燒和大地震，經過3次重建，才成了今日簡約開放的餐廳。時間允許的話，可在店內點杯咖啡或吃份米其林級餐點，欣賞這海天一線的絕美景色；後方的海軍基地是旅人們取景健行的絕佳景點，幸運的話還可以看到海獅佇留。

懸崖上的白色餐廳

靠窗位子可俯瞰太平洋海岸

同場加映順遊 ♪

大得像森林的城市公園，還有許多不可錯過的精采景點。

溫室花園
Conservatory of Flowers

☎ 415 831 2090　🕐 週二～日10:00～16:00　💲大人8美元，12歲以上青少年與老年人5美元，5～11歲孩童2美元，4歲以下免費。每個月第一個週二免費　MAP P.97

位於金門公園東側入口處，這棟維多利亞風格的白色花房，建立於1878年，是公園裡最古老的建築，也是美國最古老的溫室之一，現今被列為國家古蹟之一。進入園內可以感受到一股溫暖濕熱的氣候，這裡滋養著超過2,000種稀有珍貴的熱帶植物和花卉，隨著時節變化推出不同的特展，較特別的有高海拔蘭花，睡蓮和捕捉昆蟲的豬籠草。園外是碧草如茵、百花齊放的戶外大花園，晴天普照的時候，常看到許多年輕男女在這丟飛盤享受日光浴。這裡

美麗的花海，可是和日本茶園齊名，深受在地人的喜愛跟推薦。

舊金山植物園
San Francisco Botanical Garden

☎ 415 661 1316　🕐 週一～日07:30～18:00　💲大人7美元，12歲以上青少年與老年人5美元，5～11歲孩童2美元，4歲以下免費。每個月第二個週一免費　MAP P.97

舊金山植物園是一座多樣化的公園，總面積約55公畝，包含兩個造景優美的花圃和一望無際的草地，園內有來自世界各地的花卉、樹木跟植物，數量超過8,000餘種，是美國西岸最大的植物園。園內植物是依照全球地理區來區分栽種，以表現出不同地方的植物特色，有盆栽栽植也有陸地栽種，每種植物皆有說明登載名稱、產地及特性，遊客更能清楚的認識到每種植物。最有名的為木蘭花園，是除了中國之外，世界上前四大木蘭花保育園區，每年都吸引眾多遊客前往。

日本茶園
Japanese Tea Garden

☎ 415 668 0909　🕐 週一～日09:00～18:00　💲大人7美元，12歲以上青少年與老年人5美元，5～11歲孩童2美元，4歲以下免費。每週一、三、五10:00前入園免費　MAP P.97

日本茶園一直是金門公園內最夯的景點，每年都吸引大批參觀人潮，尤其是春暖櫻花開之時，朵朵的花蕊就像雪花般凝結在枝頭，美不勝收，深受當地居民的喜愛。

茶園建於1894年，由日裔園藝家依照著日式傳統，一磚一瓦建造出石板路、池塘、伴月拱橋跟一座典型的日式茶亭，園內也栽種了各種來自日本和中國的庭園植物，非常具有古色古香的東洋風味。來到這，不可錯過園內的茶亭，不僅是遊客最愛的拍照景點，也販售傳統日式甜點，假日總是擠滿喝茶賞景的遊客。

笛洋美術館
De Young Museum

📞 415 750 3600 🕐 週二～日09:30～17:30 💲 大人10美元，老年人7美元，13～17歲青少年6美元，12歲以下免費。每個月第一個週二為免費參觀日；網上事先購票者，享有1美元折扣；持有Muni搭乘票者，享有2美元折扣 🗺 P.97

建於1895年，以早期舊金山報人笛洋(M. H. de Young)命名，笛洋美術館收藏許多國際現代藝術品，但其出名和廣泛讓人討論的是它獨特的造型外觀，建築外層全部包覆在銅板裡，隨著時間的變化，會逐漸變色成生鏽的銅綠，讓整棟建築巧妙的融入在金門公園的綠地裡，是概念相當前衛的新式建築。呈倒置梯形的哈蒙塔，除了有紀念商品店外，還有360度的視野，讓遊客可以俯瞰整個金門公園，正對面的加州科學博物館，其著名的綠色生態屋頂也盡收眼底。

威廉米娜女王鬱金香花園
Queen Wilhelmina Tulip Garden

📞 415 813 1445 🕐 全天 💲 免費 🗺 P.97

這算是金門公園裡的私房景點，不算是熱門但地理位置絕佳，就位於海洋海灘(Ocean Beach)幾步之遠外，大片的綠色樹叢後，藏著一個小巧可愛的鬱金香花園。公園內有迎風搖擺的巨大風車，廣場前花團錦簇，若陽光普照，常有人悠閒的在此做日光浴或是看書消磨一下午時光。最值得拜訪的時間是每年2～4月，這時鬱金香花海盛開，色彩繽紛甚是好看，常吸引很多攝影師或是新人在此拍攝婚紗，唯一可惜的就是禁止帶狗入內，可能是怕活潑的狗狗破壞這美麗的園藝吧！

> **遊玩鐵則**
> 每年2～4月鬱金香盛開。

柯羅特兒童廣場
Koret Children's Quarter Playground

📞 415 831 5500 🕐 週一～日10:00～16:30 💲 免費 🗺 P.97

小朋友到這一定會開心的轉圈圈，這座位於金門公園內的兒童遊樂廣場，是我看過面積最大和遊樂設施最多的操場，四周被綠意盎然的大樹、草地圍繞著，就像是森林裡的童話樂園，它可是從1912年起，就陪伴許多舊金山人一起長大，是童年美好回憶中的一部分。公園裡設有兒童遊樂設施、健康體能園地、花棚隧道、大型沙坑、盪鞦韆跟旋轉木馬，可以讓小朋友盡情玩耍一整天；而園內野餐桌相當熱門，如果你想要慶生或野餐，請記得一定要提前預訂。

Day 9

金銀島逛跳蚤市場，夜晚嗨小酒館

　　週末夜晚或下班後，到時髦的餐館酒吧吃喝玩樂一番，這是上班族常見的放鬆方式。有別於台北一路玩到天亮的夜生活，在舊金山，酒吧和夜店只營業到凌晨2點，所以一般會在晚上9點、10點就先到小酒館，拿著各式各樣Tapas(小菜)下酒，之後再到夜店狂歡暢飲；或者在家先與三五好友喝到一定程度，再出門開始夜生活，外國朋友稱之為「Pre-game」，不論哪種方式，夜晚的娛樂是另一種文化，都值得旅客好好體驗。白天則可以到人聲鼎沸的跳蚤市場，感受一下週末的歡樂氣氛，挖掘屬於你的寶貝。

季節限定活動
• 《跳蚤市場》 Ⓒ 每個月最後一個週六、日10:00～16:00
• 《Off the Grid：Picnic at the Presidio》 Ⓒ 每年4～10月的每週日11:00～16:00

Day 9 Plan 路線

>>金銀島逛跳蚤市場，夜晚嗨小酒館

Start

10:00 ~ 16:30

① 金銀島

到金銀島尋寶，挖掘屬於你的寶貝。琳琅滿目的二手物品、手工原創商品，讓你滿載而歸。

(©Treasure Island)

公車22分鐘

17:30 ~ 20:00

② Chambers

低調華麗的小酒館，牆上大大的「Be Amazing」標語，大肆宣告著每一天都要精采生活著。

公車12分鐘

20:15 ~ 22:00

③ PRESS CLUB

寬敞時尚的紅酒吧，提供來自加州各地的紅酒和啤酒，很適合與三五好友一起放鬆聊天。

步行6分鐘

一日花費小Tips

*以下幣值以美元計算。

跳蚤市場入場費	$3
Chambers晚餐	$20
PRESS CLUB入場費	免費
Dueling Pianos at Johnny Foley's入場費	$15
交通費	$6
Total	**$44**

Goal

22:15 ~ 01:30

④ Dueling Pianos at Johnny Foley's

越夜越熱鬧的雙人鋼琴決鬥，琴師說學逗唱樣樣都行，氣氛嗨翻全場。

104

金銀島周邊地圖

|交·通·對·策|

「金銀島」位於舊金山和奧克蘭之間的人工島，可以搭乘108號公車往返，平均每20分鐘就有一班公車，總車程大約10分鐘，相當便利。如果自行開車前往，現場有免費停車。跳蚤市場雖然有眾多商家，但範圍不算太大，都是走路可逛完的距離，很多居民戶會帶狗和小孩前往，非常熱鬧。餐車區的種類多樣，不知道怎麼選擇的話，就跟著排隊人潮就對了，通常知名的店家都會大排長龍。回到市區後，餐廳跟酒館都在最熱鬧的「Market街」周圍，可以步行一家接著一家玩樂，但夜晚的舊金山遊民很多，要避開小巷跟人少的街區。

1

金銀島
Treasure Island

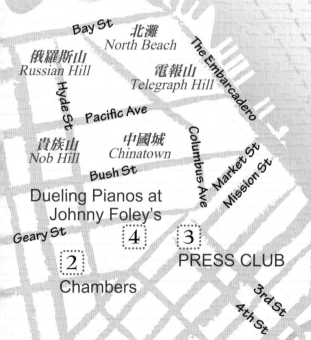

Bay St

北灘
North Beach

The Embarcadero

俄羅斯山
Russian Hill

電報山
Telegraph Hill

Hyde St

Pacific Ave

貴族山
Nob Hill

中國城
Chinatown

Columbus Ave

Bush St

Market St

Mission St

80

Dueling Pianos at
Johnny Foley's

Geary St

4   3

2

PRESS CLUB

Chambers

3rd St

4th St

● 美食、文創聚集的祕密小島

1 金銀島跳蚤市集
Treasure Island Flea

✉ 1 Avenue of the Palms, San Francisco, CA 94130　➡ Muni 108每15分鐘一班，從位在金融區的Transbay Temporary Terminal(Beale St. & Folsom St.)出發，跨過海灣大橋，約10分鐘就可抵達　☎ 415 898 0245　🕐 每個月最後一個週六、日10:00～16:00　💲 入場3美元，小孩免費　http www.treasureislandflea.com　MAP P.105

復古黑膠唱片(©treasure Island Flea)

　　金銀島位於舊金山和奧克蘭之間的人工島，據說是用建造海灣大橋(Bay Bridge)所挖出的泥土填蓋而成，因為泥土中含有極少量的金屬成分而得名。在1939年，這裡曾舉辦過金門國際博覽會(Golden Gate International Exposition)，二次世界大戰時，一度被徵召為海軍軍事基地，不許閒雜人進入；現在這個小島又重現世人眼前，有了更耀眼的光芒，成為藝文界和音樂界展現作品的好地方，最熱鬧的莫過於跳蚤市場和10月的音樂節。

　　每個月最後一個週末的跳蚤市場，販售各種充滿原創精神的手工商品，除了款式獨家之外，價錢也相當實惠。現場還提供一整區的餐車美食，讓尋寶的人可以品嘗各式街頭美食和美酒；而10月中為期兩天的戶外音樂節，邀請許多知名的搖滾樂團、嘻哈樂團、電子樂團和獨立創作樂團，每年表演名單一出，門票立刻售完，是樂迷最期待的原創音樂藝術祭。除了藝文活動外，金銀島的海景格外美麗，不論是白天或是夜晚，都各具特色，很多攝影師喜歡來這捕捉舊金山的天際線，也是情侶約會賞夜景的最佳去處。

(©Treasure Island Flea)

(©Treasure Island Flea)

假日音樂表演(©Treasure Island Flea)

到跳蚤市集掏寶樂

餐車小吃填飽肚子(©Treasure Island Flea)

找得到各式古著飾品(©Treasure Island Flea)

可愛的小販們(©Treasure Island Flea)

手工針織圍巾(©Treasure Island Flea)

　　週末的午後，隔絕了舊金山車水馬龍的喧囂，金銀島上的草坪上有人牽著小狗漫步，有人正在二手市集裡穿梭，一旁道路上幾台造型逗趣的行動餐車，正叫賣著好吃的BBQ肋排、美式熱狗或越南炒麵；現場街頭藝人賣力演出，有的彈吉他唱著歌、有的穿戴華麗怪誕，等著遊客們合影和小費，這裡是城市中的悠閒角落，讓人自在的享受輕鬆氛圍。

　　主辦人Angie & Charles當初創辦這個戶外市集，是希望讓手工藝品的新銳藝術家在寸土寸金的舊金山市裡，能多一個展示的機會和平台，沒想到卻意外讓這個閒置的軍事基地再次活化，成為文化與創意盎然的金銀島。這裡跳蚤市集分為手工原創品與二手商品，琳瑯滿目的攤位可以看到民俗風的掛毯圍巾、繽紛的手染布、充滿歷史痕跡的老舊相機、獨家製作的手工皮件和二手衣物，不論穿的、用的各種配件擺飾，五花八門讓人目不暇給，全等著有緣人前來挖寶帶回。

● 在復古奢華風中享美食喝調酒

2 Chambers

✉ 601 Eddy St San Francisco, CA 94109　➡ 公車5、5L、8，
在Mcallister St & Larkin St下　☎ 415 496 5178　🕐 週二～
五17:00～02:00，週六10:30～14:30 (早午餐)，18:00～
02:00(晚餐)，週日10:30 ～02:30　http chambers-sf.com　MAP
P.105

非常開胃的Pork Belly

隱身在低調隱僻的飯店旁，如果不留心看，很容易就錯過門口招牌，裡頭的環境具有鮮明的特色，有點像繁華多金的好萊塢碰上隨意不羈的舊金山，用餐區的復古沙發，圍繞著各式老舊黑膠唱片，舒服得讓人想陷在那絲絨座椅裡；圓柱上一盞盞懸掛的米色大燈，為濃厚的復古基調注入了摩登氣息，看上去是紅色奢華的小酒吧，神祕而華麗，最吸引我的是酒吧前大大的「Be Amazing」標語，好像大肆宣告著每一天都要好好精彩的生活著。

除了燈光美氣氛佳外，這裡的下酒菜、主

前菜Tart

食，甚至是週末白天的Brunch，都有一定水準。第一次去的時候，剛好是傍晚時間，周遭都是吃酒食喝調酒的時髦男女，只有我們這桌洋洋灑灑從前菜點到甜點，整個來填飽肚子的。特別推薦前菜的Pork Belly非常多汁美味。喜歡看人、吃酒食、喝調酒、聽著Lounge Music的朋友不可錯過。

低調的入口處

這裡也提供戶外派對

晚餐時刻人潮聚集

金銀島逛跳蚤市場，夜晚嗨小酒館

(©PRESS CLUB)　　(©PRESS CLUB)　　(©PRESS CLUB)

● 可細品Napa酒莊的紅酒

3 PRESS CLUB

✉ 20 Yerba Buena Ln San Francisco, CA 94103　➡ 公車
5、5L、31，或搭乘BART在Powell站下　☎ 415 744 5000
🕐 週一～四 16:00～23:00，週五～六14:00～23:00，週
日14:00～21:00　❓需年滿21歲　http pressclubsf.com　MAP
P.105

　　位於金融區的高級地段，門口招牌低調而神
祕，門後是華麗摩登的紅酒天堂，裝潢溫暖而
風騷，大坪數的空間收藏了許多新世界的葡萄
酒，附近Napa酒莊的紅酒在這也應有盡有，店
內也提供不同的Testing Room，讓愛酒人士可以
在這舉辦私人派對、婚宴或是聚會，其中隱身
在其內的獨立包廂，尤其適合需要談生意的商
務人士。

　　除了紅酒外，酒吧也提供來自加州各地的啤
酒，每天下午4～6點的Happy Hour，擠滿了剛
下班的白領上班族，晚上9點之後，許多穿著時
髦新潮的年輕人則來這飲酒娛樂，雖然酒錢較
高，但寬敞舒適的空間，很適合與三五好友放
鬆聊天，細細品酒。

下酒前菜(©PRESS CLUB)

綜合起司拼盤(©PRESS CLUB)

●嗨翻全場的鋼琴決鬥

4　Dueling Pianos at Johnny Foley's

✉ 243 O'Farrell St San Francisco, CA 94102　➡ 公車38、
31、27，或搭乘BART在Powell站下　☎ 415 954 0777　◷
週週三～六20:00～01:30　💲 入場費15美元　❗ 需年滿21
歲　http www.duelingpianosatfoleys.com　MAP P.105

舊金山的夜色，充滿各式各樣的表情，不
論是同性戀酒吧、裝潢摩登的酒館、沒有招牌
的會員夜店，還是浪漫的觀景餐廳，都爭奇鬥
艷各具特色。這間位於市中心的愛爾蘭鋼琴酒
吧，在O'Farrell街上的地下室，每到週末夜晚，
小小入口處總是排滿人潮，而且越夜越熱鬧。

不要以為鋼琴酒吧都走舒服的爵士風，只適
合安靜的喝著調酒，這裡最大的賣點在於「鋼
琴決鬥」，現場的兩台鋼琴分別有專屬的琴師
Live演奏，邊唱邊彈邊主持，從搖滾音樂、鄉
村音樂到民歌等等都會，表演高潮激動時，琴
師還會跳上鋼琴來段即興舞或是脫口秀，氣氛
非常的嗨，每每演奏曲結束後，台下都會響起
一片最熱烈的掌聲。客人也可以另外付小費點
歌，讓他們演奏自己想聽的歌曲，每首約5～10
美元不等，當然啦，給得愈多，他們會愈賣力
演出。

樂手表演

位於地下室的酒館，入口僅有立牌指示

座位區更貼近表演樂手，但有低消喔

同場加映順遊

Off the Grid：Picnic at the Presidio

✉ 103 Montgomery St San Francisco, CA 94129 ➡ Presidi Go Shuttle每天10:00～19:30，30鐘一班，從位在金融區的Transbay Temporary Terminal和BART Embarcadero出發 ☎ 415 339 5888 ⏰ 4～10月的每週日 11:00～16:00 🌐 offthegridsf.com/markets/PICNIC

想當個「偽舊金山人」，除了逛跳蚤市場外，「Off the Grid」美式路邊攤也是另一種很在地人的週末活動。從2010年開始，灣區興盛起一種叫做Off the Grid的市集，每逢週末就號召許多不同街頭餐車，到定點擺攤營業，讓喜歡美食的朋友可以同時品嘗不同的在地小吃，也可以和三五好友開聊聚會，概念有點像台灣的花園夜市或是家鄉的市場小吃攤，當地華人稱之為「美式路邊攤」！

美式路邊攤有許多不同的據點，其中視野最佳、景色最美的莫過於每週日在The Presidio Main Post草坪上舉行的。主辦單位非常貼心，除了餐車個個是網路上名氣響叮噹的拔尖店，現場還提供免費飛盤、呼啦圈、球具出租，所以每到週日，大家總是攜家帶眷，呼朋引伴，在綠油油的草皮上野餐放鬆，襯著前方金門大橋的晴空麗景，不費吹灰之力享受一段美好的午後時光。

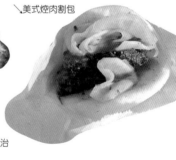

餐車小販

↖烤布蕾

↖碳烤美式三明治

↘美式焢肉割包

野餐人潮

熊貓餐車

Day 10

近郊遊

瀰漫文藝與嬉皮氣息的柏克萊

少了大都市的急忙匆促，也沒有充滿學術研究的嚴肅感，在言論自由和嬉皮文化的精神薰陶下，柏克萊大學城瀰漫著一種文藝氣質。到這可以逛逛南側的「電報街」，在獨立書店裡感受時代的精神和溫度；到校園內看看言論自由的發源地「薩特大門」，配上人氣校園美食咖啡和熱狗，充分體驗大學生活。隨後到雅痞時髦的「第4街」，多不勝數的特色小店，好逛又好買，輕鬆滿足你對生活品味的要求。

Day 10 Plan
路線

>>瀰漫文藝與嬉皮氣息的柏克萊

Start

10:00～12:00

① Gather餐廳

注重環保及善用在地食材的有機餐廳，不僅健康更兼顧美味，是當紅的人氣餐廳。

步行4分鐘

12:30～14:00

② 柏克萊大學

全美第一名的公立大學，在民權、反越戰，與學運文化中扮演著重要的歷史角色。

步行2分鐘

14:00～14:30

③ top dog熱狗店

便宜又好吃的校園美食，各式各樣的熱狗口味深受學生和居民的喜愛。

步行1分鐘

14:30～16:30

④ 電報街

街頭塗鴉、人民廣場、咖啡館裡的學運鬥士，短短一條街充滿著「嬉皮遺風」。

坐公車25分鐘

16:50～17:30

⑤ 畢茲咖啡與茶

冬季限定茶

店內黝黑香濃的重烘焙咖啡，深受咖啡迷喜愛，更被喻為美國重烘焙與濃咖啡的起源店。

坐公車25分鐘

Goal

17:55～22:30

⑥ 第4街

雅痞時尚的購物商圈，街道兩旁多是精緻的特色小店、高評價的餐廳和質感超優的家具店。

一日花費小Tips

*以下幣值以美元計算。

Gather餐廳早午餐 …	$20
柏克萊校園參觀……	免費
top dog熱狗店………	$5
電報街散步…………	免費
畢茲咖啡與茶………	$3
第4街散步 …………	免費
交通費(BART來回)…	$8
Total	**$36**

交・通・對・策

吃完美味的早午餐後，可以沿著Bancroft Way步行到「柏克萊大學」參觀；之後從校園的南門出口，散步前往嬉皮和文藝氣息濃厚的「電報街」，這附近有許多好吃又便宜的校園美食跟獨具特色的咖啡館，基本上是直直一條街，很容易逛，也不會迷路。除了「電報街」外，「第4街」是另一個值得花時間的逛街景點，喜歡採買小物跟家具的朋友，可以多安排一點時間在此，但美國的店家大多關門時間較早，要注意時間上的安排；另外，「第4街」距離校園較遠一些，建議搭乘公車或開車前往，其實開車是最省時的方法，車程不到10分鐘喔！

奶酪板披薩店
Cheese Board
Pizza

Cedar St

5 畢茲咖啡與茶
Peet's Coffee & Tea

Shattuck St

Oxford St

Hearst Ave

University Ave

西側門

柏克萊大學
University of
California, Berkeley

往 6 第4街方向
4th Street

Downtown Brkeley
Allston Way

1 Gather餐廳

薩特大門 ● 2
Sather Gate

生計 ●
Musical Offering

top dog
熱狗店
3

Bancroft Way

Durant Ave

Dana St

Telegraph Ave

4 電報街
Telegraph
Ave

Haste St

Moe's Book ●

Shakespeare
& Co Books

Dwight Way

Peet's Coffee

114

彌漫文藝與嬉皮氣息的柏克萊

● 強調健康有機的舒適餐廳

1 Gather餐廳
Gather

✉ 2200 Oxford St Berkeley, CA 94704　➡ 搭乘BART Richmond線往北方向，在Downtown Berkeley站下。之後沿著Allston路往東走3分鐘　☎ 510 809 0400　🕐 週一～五 11:30～14:00，17:00～22:00，週六～日10:00～14:30，17:00～22:00　http www.gatherrestaurant.com　MAP P.114

現做Pizza

遊玩鐵則
手工披薩記得多加一顆蛋在上頭，更添美味。

如果你是一個倡導健康生活的旅行者，柏克萊有不少注重環保及善用在地食材的有機餐廳，他們使用的是自家栽培的新鮮蔬果和魚肉，讓客人吃進去的不僅僅是美味和健康，更是廚師對於食物與人的用心。位在市中心的Gather，自開幕以來好評如潮，很快的就成為新的人氣餐廳，店內的桌子和廚房台使用的是回收再生的木料、酒吧的檯燈是舊有的伏特加酒瓶再改造、裝牛奶的玻璃瓶成了店內可愛的水杯，環保的概念更凸顯一種簡潔及舒適的摩登風。

這裡的菜單標榜只用本地及有機和當季的農產，健康自然非常好吃。推薦Kale Salads(羽衣甘藍菜沙拉)，這個神奇的蔬菜不僅具有高纖維和葉酸，還能排毒抗氧，搭配新鮮的橄欖油和起司，是養生界很紅的一道菜；店內的手工披薩是人氣餐點，記得要跟服務生說多加一顆蛋在上頭，配上特製的番茄紅醬，幾乎每桌都會點一份；早午餐的煎蛋三明治和晚餐的香煎BBQ雞肉也都值得一試。雖然平均每人消費20美元起，但服務跟品質都不在話下。

有機Kale沙拉前菜

煎蛋三明治

Sather Tower薩勒塔

● 人才濟濟的加州古老大學

2 柏克萊大學
University of California, Berkeley

✉ Berkeley, CA　🚇 搭乘BART Richmond線往北方向，在Downtown Berkeley站下。之後沿著Shattuck Ave 路往北走1分鐘，在大學路右轉　📞 510 642 6000　🕐 導覽時間：週一～六10:00，週日13:00。平日開始地點：Visitor Center at 101，假日開始地點：Sproul Hall Campanile (Sather Tower)　🌐 www.berkeley.edu/index.html，校園導覽www.berkeley.edu/about/tour.shtml　MAP P.114

　　位於舊金山東灣的加州柏克萊大學創立於1868年，是加州第一所公立大學，也是全美最佳公立大學排名第一的學府。周遭環境優良，人文藝術氣息濃厚，培育出的人才不計其數，像是台灣著名劇場導演賴聲川、前中研院院長李遠哲和宏達電董事長王雪紅等等；且校內圖書館藏書豐富，其中關於中國的書籍可追溯到宋代，是北美第四大的圖書館。

12:30～14:00　　　　**14:30～16:30**

● 好吃又便宜的校園熱狗店

3 top dog熱狗店

✉ 2534 Durant Ave Berkeley, CA 94704　📞 510 809 0400　🕐 週一～四、日10:00～02:00，週五10:00～03:00，週六11:00～03:00，週日11:00～02:00　🚇 柏克萊大學南門口(Sather Gate)，沿著電報街走，Durant路左轉　🌐 www.topdoghotdogs.com　MAP P.114

　　遠遠就可以看到排隊隊伍，小小一間店人氣超旺，這家位於柏克萊南門口的熱狗店，可說是家喻戶曉，從1966年開業至今，已要邁入第

一人廚房

50個年頭，汁多皮脆的熱狗深受老師學生們的喜愛，也是很多在地人和學子的共同回憶。這裡最受歡迎的口味是Bratwurstd，豬肉加上特殊香料，口味簡單好吃；女孩們愛吃的蘋果雞肉(Chicken Apple)口味也是熱賣商品之一；店內也提供素食熱狗，讓素食者可以大飽口福。搭配熱狗的調味料有番茄醬及3種口味的芥末醬，和無限供應的洋蔥跟酸菜，飽餐一頓只需要3.5美元，是經濟實惠的校園美食。

小小的店面，歷史悠久

柏克萊大學最有名的歷史是60年代末在民權、反越戰，與學運文化中扮演的角色，時至今日仍可在此感受到這股先鋒之氣。

來到這有幾個不可錯過的景點：1.位於學校南門的薩特大門(Sather Gate)，青銅色且具歷史感的雕飾和電影《怪獸大學》有點相似，這裡是60年代末的自由言論運動和反越戰運動的發源地。2.建立於1914年的薩勒塔(Sather Tower)

鐘樓佇立在校園中心，不論在哪一個方位都能夠看到它直挺挺的矗立著，每到整點會準時敲鐘，塔上有觀景台可以俯瞰校園全景。3.遍布在校園各處的吉祥物「金熊」。其他像是道氏圖書館(Doe Library)、言論自由運動咖啡館(Free Speech Movement Café)，和深受兒童喜愛的勞倫思科學館(Lawrence Hall of Science)等等，都是著名參觀景點。

藏書豐富的道氏圖書館

校園商品店

校園吉祥物金熊

16:50～17:30

● 各特色小店充滿嬉皮氣息

4 電報街
Telegraph Ave

✉ Telegraph Ave Berkeley, CA 94704　◎ 各店家時間不同，請先上網查詢　➡ 搭乘BART Richmond線往北方向，在Downtown Berkeley站下，之後搭乘公車51B。或從校園南門口的史普羅廣場(Sproul Plaza)跨過一條街即到　http telegraphave.org　MAP P.114

柏克萊是一個具有獨特氣質的小城，也許和過去提倡言論自由和濃厚的嬉皮文化有關，隨處都可感受到這股開放之風，走在電報街上更能感受一二。街道兩旁各式書店、咖啡館和小店林立，常帶給人不同的驚喜，像是販售毛澤東書像、惡搞歐巴馬和佛

陀的衣服店、嬉皮扎染的彩色手工飾品、薰香、編織髮辮的刺青、塔羅牌占卜和像倉庫一樣大的CD店等等，每到週末假日還有市集和街頭表演，十分新奇好玩，這條街的書店也是全美最密集的。

二手音樂店林立

接下頁 →

幾個知名的咖啡館和書店，像是創於嬉皮年代的「Moe's Book」，除了一般暢銷書籍外，一些具有時代精神和溫度的書籍也都找得到。另一間獨立書店「Shakespeare &Co Books」，也同樣深受文人雅士喜愛。「Caffe Strade」是午後一杯咖啡的好選擇，悠閒的戶外座椅常坐滿讀書討論的學生們，是我相當喜歡的咖啡館之一。餐點好吃且位置方便的「Musical Offering」，店內展示了許多精選音樂CD。台式麵包店「生計」，能在他鄉吃到一口道地的肉

嬉皮首飾是最常見的攤位

鬆青蔥麵包和珍珠奶茶，實在是最幸福不過的事，每每路過總是買上一袋回家。

台式麵包店

街頭藝人販售現場作畫

16:50～17:30

美食餐廳林立

● 如漫步歐洲的雅痞時尚商圈

6 第4街
4th Street

✉ 1807 4th St Berkeley, CA 94710 ⏰ 各店家時間不同，請先上網查詢 ➡ 搭乘BART Richmond線往北方向，在Downtown Berkeley站下，之後搭乘51B公車在6街下，往西步行到4街 http www.fourthstreet.com MAP P.114

有別於電報街給人「嬉皮遺風」的感覺，第4街(4th Street)是時尚新潮的藝文風情，這裡多是對生活品味有所要求的雅痞族。每年固定舉辦爵士音樂節跟感恩假期的聖誕裝飾，為這條小街更添優雅氛圍，漫步在此，有種緩慢的歐洲生活

獨具特色的咖啡館

● 星巴克咖啡的啟蒙者

5 畢茲咖啡與茶
Peet's Coffee & Tea

✉ 2124 Vine St Berkeley, CA 94709 ☎ 510 841 0564 ⏰ 週一～日06:00～20:00 ➡ 搭乘BART Richmond線往北方向，在Downtown Berkeley站下，之後搭乘18公車往Center St. & Shattuck Ave方向，在Vine街下 http www.peets.com MAP P.114

在灣區無所不在的連鎖咖啡店Peet's Coffee & Tea，第一間創立的店就在柏克萊。很多人會拿它與星巴克做比較，實際上它創立的時間比星巴克還早5年，在《Starbucks咖啡王國傳奇》書中是這麼提到它：「大名鼎鼎的Peet's Coffee&Tea的老闆艾佛瑞畢茲，是星巴克的精神教父」，說明了星巴克是受了Peet's咖啡的感動而創立的。雖然同為連鎖咖啡店，但Peet's卻不迎合大眾口味，店內多是重口味的咖啡豆烘焙，身邊的朋友都認為它的咖啡口感較濃厚，至於味道是否更勝星巴克，就留給各位遊客去評論了。

重烘焙咖啡豆

16:50～17:30   17:55～22:30   休息囉

感，街道兩旁多是精緻的小店、高評價的餐廳和質感超優的家具店，雖然短短的幾個街口，價位也相對高些，依舊吸引了絡繹不絕的遊客跟居民前往，柏克萊市政府也在對外的觀光介紹，稱之為「美西必逛的11條街之一」。

有些不可錯過的店家，像是1.Sketh義式冰淇淋店：老闆是米其林2顆星餐廳出身，強調使用有機牛奶和新鮮原料，每日限量手工製作，推薦芒果和伯爵茶口味。2.Pasta Shop：各式義式醬料、麵條和起司橄欖等等應有盡有。3. Crate & Barrel Outlet：品質一流的家具皆以5折以下的價格出售。4.CB2：家具走年輕潮流風格，是比較貴一點和質感好一點的IKEA。5.George寵物店：販售摩登時髦的狗狗用品，是愛狗人士的購物天堂。6.Bette's Oceanview Dinery早午餐店：每到假日人潮滿滿，大推香蕉鬆餅。

Pasta Shop

北臉暢貨中心
THE NORTH FACE Outlet

✉ 1238 5th St Berkeley, CA 94710 ☎ 510 526 3530 🕐
週一～六10:00～19:00，週日11:00～17:00 http stores.
thenorthface.com/CA/BERKELEY/TNFO-1238FSBC

喜歡運動的朋友，一定對North Face相當熟悉。1968年創立於加州舊金山，除了販售高性能的服飾和鞋襪之外，還推出各種帳篷、睡袋和背包以及其他登山、攀岩、滑雪、滑板及徒步等戶外運動會使用的裝備，深受運動愛好者的支持與喜愛。這間位在柏克萊的暢貨中心，主要多是高機能的外套，滑雪和慢跑服飾爲主，平均價格爲台灣市價的3折，可說是買到賺到。

奶酪板披薩店
CHEESE BOARD PIZZA COLLECTIVE

✉ 1512 Shattuck Ave Berkeley, CA 94709 ☎ 510 549
3055 🕐 週二～六11:30～15:00，16:30～20:00 http
www.cheeseboardcollective.coop MAP P.114

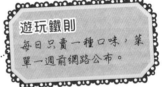

遊玩鐵則
每日只賣一種口味，菜單一週前網路公布。

另一間有名的校園美食。一到開店時間，門口就出現長長的排隊人潮，連對面安全島的草皮上，都坐滿外帶的學生，傍晚時分店內還會傳出一陣陣爵士音樂，偶爾還有歌手悠悠的唱起歌，氣氛相當輕鬆有趣。店內每天只賣一種口味的披薩，一星期前會在網上公布當週的每日口味，每天都變換不同，披薩主打薄片酥脆的餅皮、加了很多的橄欖油，我尤其喜歡它的綠色辣醬，充滿香草的香氣，每每都要擠滿一盤沾著披薩吃。

近郊遊

訪史丹佛校園，逛貴婦百貨

　　史丹佛大學位於舊金山南邊1小時車程的Palo Alto市，離科技重鎮矽谷很近，此地的天氣怡人，是美國房價前幾高的城市，隨便一棟豪宅都有上億台幣的天價，蘋果創辦人賈柏斯和49人隊的四分衛Steve Young等名人都居住在此。來到這，除了參觀世界知名學府外，附近周邊的景點也值得一遊，喜歡大自然的朋友，可以到「Filoli Garden」走走，愛逛街的貴婦更不可錯過超好買的「史丹佛購物中心」，最後到「大學街」感受不一樣的人文氣息，悠哉的喝杯咖啡，結束一天美好行程。

Day 11 plan
路線

>>訪史丹佛校園，逛貴婦百貨

Start

09:30 ~ 12:30

① 菲羅里公園

美輪美奐的花園造景，走在其中，宛如置身歐洲古典莊園般，是當地人的祕密景點。

(©Yang Li)

開車17分鐘

13:00 ~ 15:00

② 史丹佛大學

莘莘學子心中的夢想學府，培育出來的政商名流、文人雅士和諾貝爾得主不計其數。

(©Justin Chang張怡德)

校園公車15分鐘

15:15 ~ 17:00

③ 史丹佛購物中心

花園造景的戶外複合式商場，擁有許多頂級名牌和年輕時尚的百貨商店。

Marguerite公車3分鐘

17:15 ~ 18:00

④ Philz Coffee

傳說中灣區最棒的咖啡，特調的Mint Mojito Iced Coffee是夏天裡最棒的好滋味。

步行5分鐘

18:15 ~ 19:30

⑤ 大學街

短短一條街，餐廳、商店、老式電影院和咖啡館林立，也是創業者開啟夢想的福地。

步行5分鐘

Goal

19:35 ~ 20:30

⑥ Umami Burger

從洛杉磯紅到舊金山，用獨特口味和手工醬料風靡灣區，是最新竄紅的人氣漢堡店。

一日花費小Tips
*以下幣值以美元計算。

菲羅里公園參觀	$20
史丹佛大學參觀	免費
Philz Coffee	$4
Umami Burger晚餐	$15
雙程Caltrain火車費	$14
Total	$53

● Chantal Guillon

6 Umami Burger

Paris Baguette ●
The Cheese Cake Factory ● Cream

Everett Ave
Emerson St
Lytton Ave
University Ave
Waverley St

● Apple Store

The Stanford Theatre

High St

往 1 Filoli Garden 方向
菲羅里公園

Sam;s Chowder House ●

大學街
University Ave ● West Elm

Hamilton Ave
Bryant St
Ramona St

Alma St

5

● LYFE Kitchen

3 史丹佛購物中心
Stanford Shopping Center

Forest Ave
Ln 7E

Wholefood Supermarket ●

Philz Coffee 4

The Annex at St. Michael's Alley ●

交·通·對·策

從舊金山到「史丹佛大學」可以搭乘南下的Caltrain火車，在Polo Alto站下後，不論是參觀校園或是到「史丹佛購物中心」血拼，都可以搭乘免費的校園公車Marguerite前往，校園公車平均每15分鐘一班，相當方便；若對購物比較有興趣，可以把時間規畫在「史丹佛購物中心」，商場很大還有不少餐廳，是可以花很多時間跟購物金的地方。「大學街」就在Polo Alto站出口，基本上只有一條主要道路，兩側為商店跟餐廳，是步行可以到達的距離。而Filoli Garden距離史丹佛大學較遠一些，大約是17分鐘的車程，有興趣前往的朋友，建議一定要自行開車或搭乘計程車Uber，公車非常費時且班數不多喔！

Campus Dr
Lomita Dr
Palm Dr
Lasuen St

遊客中心
Visitor Center

Roth Wy

Galvex St

2 史丹佛大學
Stanford University

● 橢圓草皮
The Oval

Serra Mall

紀念堂 ●
Memorial Court

● 胡佛塔
Hoover Tower

● 大方院
Main Quad

Escondido Mall

Santa Teresa St
Panama Mall

● 紀念教堂
Memorial Church

Duena St

史丹佛校園地圖 ●

● 書店
Bookstore

鬱金香季(©Yang Li)

● 花意盎然的歐風莊園別墅

1 菲羅里公園
Filoli Garden

✉ 86 Cañada Rd Woodside, CA 94062 ➡ 位於舊金山南邊48公里處，280公路往南開，在Edgewood出口下 ☎ 650 364 8300 ⏰ 週二～六10:00～15:30，週日11:00～15:30 💲 成人20美元、65歲以上長者17美元、學生10美元 🌐 www.filoli.org 🗺 P.123上

住在灣區好幾年了，每年至少都會造訪Filoli Garden一次，欣賞它不同時節的花團錦簇。這座1917年建立的莊園別墅，耗時4年建造完成，至今已經有百年歷史了，主人家William Bowers Bourn二世夫婦曾在劍橋留學，深受歐洲文化歷史薰陶，所以莊園內充滿著英國和法國的建築風格，博物館內也收藏陳列許多17、18世紀的歐洲古董；莊園的取名來自主人家的名言：「Fight for a just cause; Love your fellow man;

Start ----- 09:30～12:30 -----

● 來人才濟濟的學府賞美景

2 史丹佛大學
Stanford University

✉ 86 Cañada Rd Woodside, CA 94062 ➡ 搭乘Caltrain SouthBound線往南Gilroy方向，在Polo Alto站下。之後搭乘免費的Marguerite校園接駁車 ☎ 650 364 8300 ℹ 校園免費導覽的起點在Stanford Visitor Center，週一～日11:00和15:15，參觀時間約70分鐘 🌐 www.stanford.edu，接駁車時間表transportation.stanford.edu/marguerite 🗺 P.123

史丹佛大學(Stanford University)或者簡稱史丹佛，位於舊金山南邊1小時車程的Palo Alto市，離科技重鎮矽谷很近，此地的氣候怡人，一年四季陽光普照，其擁有的資產跟培育出來的人才不計其數，是世界知名的大學，也是許多莘莘學子心中的夢想學府。

加萊義民雕塑(©Justin Chang張怡德)

校園總占地約3,310公頃，是美國面積第二大的大學。入口處是一條綠意盎然的椰林大道，校園內充滿西班牙式的紅瓦白牆建築，來到這有幾個不可錯過的景點：1.胡佛塔(Hoover Tower)，胡佛是美國第31任總統，史丹佛第一屆畢業生，退休後捐贈胡佛研究中心，是研究亞洲事務最富聲望的機構之一，為感謝和歌頌

Live a good life」(為理想而奮鬥；愛你身邊的朋友；好好生活)，這裡美輪美奐的景致正親身實踐這句話。

每到春季，花園會盛開水仙、紫藤、鬱金香、玫瑰和茶花美不勝收，尤其鬱金香季時，五顏六色的花朵被園藝師井然有序的照顧著，相當美麗。這也是一年中最熱鬧的時刻，很多

攝影達人和遊客會來到此，專注的捕捉這令人陶醉的畫面，據說這裡其中一位園藝師還曾為英國黛安娜王妃的婚禮布置花卉喔！

花團錦簇的入口處

盛開的鬱金香(©Yang Li)

13:00～15:00

↑／Memorial教堂(©Justin Chang張怡德)

西班牙式建築物(©Justin Chang張怡德)

他，特別以此建築紀念他。搭乘電梯可到達頂樓，將校園景色盡收眼底。2.紀念堂(Memorial Court)，羅丹沉思雕像和6座加萊義民(The Burghers of Calais)人型雕塑，刻劃十四世紀捨己救人的平民英雄。3.大方院(Main Quad)，校園最古老的建築。4.紀念教堂(Memorial Church)，史丹福太太為紀念過世的丈夫而建，教堂走浪漫主義的建築風格，以細工鑲嵌出五彩壁畫，師生都以在此教堂舉行婚禮為榮，也是史丹佛最知名的景點。

● 貴婦專櫃林立，小心荷包瘦身

3 史丹佛購物中心
Stanford Shopping Center

✉ 680 Stanford Shopping Ctr Palo Alto, CA 94304 ➡ 搭乘 Caltrain SouthBound線往南Gilroy方向，在Polo Alto站下。之後搭乘Marguerite接駁車 ☎ 650 617 8200 ⏰ 週一～五 10:00～21:00，週六10:00～19:00，週日11:00～18:00 http www.simon.com/mall/stanford-shopping-center，接駁車時間表transportation.stanford.edu/marguerite MAP P.123上

位於史丹佛大學城裡，史丹佛購物中心是一個大型室外複合式商場，

擁有年輕時尚的高級百貨Macy's、Nordstrom、Bloomingdale's、Neiman Marcus以及頂級名牌Tiffany & Co.、Burberry、Louis Vuitton等等，共140家商店。商場的造景有如花園般清新宜人，很多當地人喜歡帶著小孩與狗到這一邊逛街，一邊享受溫暖陽光，聖誕節還有超大聖誕樹和聖誕老公公供合照，是一個C/P值很高的購物中心。

可逛的品牌有：Kate Spade、Abercrombie & Fitch、Aldo、A|X Armani Exchange、Banana Republic、Coach、Free People、Gap、

15:15～17:00

● 別錯過灣區最棒的咖啡

4 Philz Coffee

✉ 101 Forest Ave, Palo Alto, CA 94301 ➡ 搭乘Caltrain SouthBound線往南Gilroy方向，在Polo Alto站下。之後往Alma街步行5分鐘，看到Forest街左轉 ☎ 650 321 2161 ⏰ 週一～五06:00～21:00，週六06:00～20:00，週日07:00～20:00 http www.philzcoffee.com MAP P.123上

現沖咖啡

音樂家巴哈愛喝咖啡，他寫了咖啡清唱劇歌詠著咖啡：「喔，美妙的咖啡，比情人一千個吻更甜美，比陳年的紅酒更香醇。」咖啡的美好就像生活裡的調味品，點綴著一天的好心情。在灣區有很多獨特的咖啡館，每家各有死忠的擁護者，Philz Coffee就是其中一間會令人上癮的咖啡館，老板和兒子花了25年以上的時間找出最佳的咖啡豆組合，並親自研發20多種不同的混合，一般常喝到的咖啡大約由4～5種

不同咖啡豆所混合而成，而Philz的每一款咖啡則是由6～7種不同咖啡豆組成，獨特的食譜是絕對在其他家找不到的。

Philz強調「One Cup At A Time」，每杯咖啡都是由咖啡師親手製作，長達5分鐘的沖泡，調出一杯令人心醉的濾泡式咖啡，完成後咖啡師會問你喜歡否，如果不滿意會再為你重製

Gymboree、Janie and Jack、J. Crew、Juicy Couture、Kiehl's、Michael Kors、Tory Burch、Urban Outfitter、NIKE、Victoria's Secret等等，還有超大的Apple Store，運氣好的話，還可以看到Apple的CEO提姆‧庫克正在店裡閒逛喔！

有機水果攤

中庭咖啡店

滿杯新鮮薄荷(©Vic)

17:15～18:00

一杯，服務非常好。強力推薦Mint Mojito Iced Coffee，這款冰咖啡將Mojito跟咖啡完美結合，加上新鮮現摘的薄荷葉，每一口都喝得到滿滿

的薄荷香，是炎炎夏天裡，我最喜歡的味道；而老板花了7年研發的Tesora Cofeeu，入口香醇配上現打奶泡，也是另一款很受歡迎的口味。

招牌mint mojito冰咖啡(©Vic)

飲食豆知識

如何用濾紙沖泡好咖啡

濾紙沖泡咖啡(Paper Drip)由德國人Merita夫人發明。首先將咖啡豆經過中深度烘焙、再將粗研磨咖啡的粉末放入濾紙中，以滾水緩緩倒入咖啡中間及其四周，再由四周回到中間，最後滴入壺中，煮1人份大約需要8～10克的咖啡及約120CC的水。

●熱鬧商圈亦是創業家的第一站

5 大學街
University Ave

✉ 從Caltrain Polo Alto站University Ave出口，一路延伸到史丹佛校園 ➡ 搭乘Caltrain SouthBound線往南Gilroy方向，在Polo Alto站下。往University Ave方向走約5分鐘 MAP P.123上

University Ave是Palo Alto市最熱鬧的大街，沿著大道開車即可一路開進史丹佛大學的校園。街上有許多的餐廳、商店、老式電影院和咖啡館，像是很紅的早午餐店The Annex at St. Michael's Alley、連鎖美式餐廳Cheesecake Factory、最近竄紅的冰淇淋餅乾Cream和Chantal Guillon的馬卡龍

↖新開的人氣餐廳Pizzeria Delfina

等等都在這條大街上，韓式知名烘焙坊Paris Baguette也在這開旗艦店。

喜歡逛家具的更不可以錯過紐約人最愛的West Elm，簡約又具設計感的家飾，常常讓人一逛就捨不得回家，其他像是杯子廚具等小物，也絕對會讓廚娘們買得開心；附近還有全美最知名的有機超市Whole Food Market，生活機能完善豐富。

大學街還有另一個封號，美國科技博客網站

大學街咖啡

18:15～19:30

店內角落

●日本風口味的人氣漢堡店

6 Umami Burger

✉ 452 University Ave Palo Alto, CA 94301 ➡ 搭乘Caltrain SouthBound線往南Gilroy方向，在Polo Alto站下。之後往University Ave方向步行約8分鐘 ☎ 650 321 8626 🕐 週一～四11:00～22:00，週五～六11:00～23:00，週日11:00～22:00 http www.umami.com/umami-burger/eats/palo-alto MAP P.123上

席捲洛杉磯的Umami Burger，用它們的獨特口味和手工醬料，從南加州紅到北加州，現在在舊金山和灣區都開起分店，是最新竄紅的人氣漢堡店。店內裝潢和料理走的是日本風，從它們的店名便可以窺知一二，Umami來自日文字中的鮮味，也是美味的意思。

以美國尺寸來說，這裡的漢堡並不算大分量，但用料豐富精緻，吃完相當具有飽足感。招牌漢堡用的是剛好熟度的5分熟漢堡肉，搭上

(Business Inside)稱之為「創業家的第一站」，大學街165號的3層小樓被稱為幸運小屋，Google和Paypal的第一個辦公室都在這裡，而156號公寓的2樓是Facebook的第一個辦公室，前陣子被Goolge以鉅額買下的Waze地圖也在附近設有辦公室；直到今日，大學街上還有其他新創公司在此奮鬥築夢，是許多成功公司傳奇的福地。

小物雜貨

各式商店

史丹佛戲院

19:35～20:30　　　　休息囉

招牌漢堡

笑容可掬的服務生

停不下來的松露起司薯條

特製番茄醬、乾酪絲、洋菇、炙烤番茄、焦糖洋蔥和鬆軟的麵包，豐富的口感一直是人氣商品。此外，淋上松露油和松露起司的薯條跟漢堡，香酥多汁讓人一口接一口欲罷不能，是店內另一道相當受歡迎的口味。搭配漢堡的番薯薯條、天婦羅和洋蔥圈也是必點餐點，這裡光是薯條沾料就高達7種，適合喜歡嘗鮮的朋友。

　點完餐後，店員會問你希望的肉熟度，Medium Rare的肉比較帶有粉色，如果怕生的，可以要求Medium或Medium Well喔！

Town and Country Village

✉ 855 El Camino Real Palo Alto, CA 94301　▶ 位於舊金山南邊，101公路往南開，在Embarcadero Road出口下，往西開3.2公里到El Camino Real路　☎ 650 321 3005　🕐 各店家開放時間不一，請上網查詢　http www.tandcvillage.com

鄰近史丹佛購物中心，這小小的廣場每到假日都熱鬧不已，很多在地人包括我自己，都很喜歡週六在這悠哉地吃個早午餐，再到有機超市Trader Joe's買買菜，度過一個輕鬆的上午。

廣場上有許多商店帶來豐富的生活機能，好吃的餐廳像是

歡迎標誌

有機超市Trader Joes

Mayfield Bakery & Café，每到週末，戶外座位必定滿座，店內的法國麵包配上鹹奶油，滋味單純卻百吃不膩；紅遍灣區的漢堡店Gott's Roadside，其新鮮現做的草莓冰淇淋奶昔跟招牌漢堡，人氣超旺；越南快又好簡食店Asian Box，主菜有豬牛雞可選，搭配香米和米粉，配上獨特的越式醬汁和熱炒蔬菜，把亞洲便當文化發揮到最大；除了好吃餐廳外，廣場還有藥妝店、腳踏車店、廚房用品店、史丹佛紀念商品店等等，是打發週末時光的好地方。

Mayfield Bakery

近郊遊

納帕酒莊品酒之旅

　　納帕酒鄉(Napa Valley)是加州重要的葡萄酒產區之一，位於舊金山北邊1小時的車程，與鄰近的索諾瑪酒鄉(Sonoma Valley)合起來，可說是品酒人的迪士尼樂園。以29號公路為主要幹道，兩旁布滿了上百間氣派精緻的酒莊，肥沃複雜的土質加上峽谷地形日夜溫差大，讓此區生產出多樣的葡萄酒，其中Chardonnay和Cabernet Sauvignon兩款最富盛名。除了葡萄美酒外，如詩如畫的田園美景和米其林星級的美食讓納帕酒鄉更添迷人之處，年年都吸引上百萬遊客前往，來到這可安排3~4間酒莊參觀，細細品味絕世佳釀。

Day 12 路線 Plan

>>納帕酒莊品酒之旅

Start

10:00 ~ 11:30

1 羅伯特 蒙大維酒莊

來到紅酒飄香的陽光小鎮，第一站一定要拜訪加州葡萄酒之父的酒莊。

開車8分鐘

11:30 ~ 13:00

2 薩圖依酒莊

開瓶酒，買個三明治和起司，悠閒的和愛人好友享受酒莊的午後野餐。

開車10分鐘

13:30 ~ 15:30

3 作品一號酒莊

美國和法國兩大酒王聯手打造的精品葡萄酒，是納帕最頂級的酒莊之一。

開車10分鐘

15:45 ~ 17:30

4 香東酒莊

擁有法國血統的氣泡葡萄酒，充滿著果味和圓潤的氣泡口感。

開車5分鐘

17:30 ~ 18:00

5 Bouchon Bakery

小巧可愛的法式甜點小鋪，超人氣的甜點會讓女孩們踩腳加尖叫。

步行5分鐘

Goal

18:30 ~ 20:30

6 ad hoc

天才主廚旗下的平民餐廳，不用花大錢就可以吃到米其林級的美食。

for temporary relief from hunger

ad hoc

一日花費小Tips

*以下幣值以美元計算。

羅伯特 蒙大維酒莊品酒導覽	$30
薩圖依酒莊午餐	$15
作品一號酒莊品酒參觀	$40
香東酒莊參觀	$15
Bouchon Bakery甜點	$10
ad hoc晚餐	$55
租車	$40
Total	**$205**

Calistoga

納帕酒鄉地圖

● Sterling Vineyard

🍴 Duckhorn Vineyards
Castello di Amorosa 🍴 ㉙
Beringer Vineyards 🍴

St. Helena

2 薩圖依酒莊
V. Sattui Winery

Rutherford

作品一號酒莊
Opus One Winery
羅伯特 蒙大維酒莊 **1** **3** *Oakville*
Robert Mondavi Winery 🍴 法國洗衣坊餐廳
The French Laundry
5 Bouchon Bakery
香東酒莊 **4** **6**
Domaine Chandon Winery
ad hoc

Yountville

| 交 · 通 · 對 · 策 |

從舊金山開車前往納帕酒鄉約1小時車程，納帕酒鄉
以29號公路為主要道路，今天要參觀的酒莊也在這條
公路上的兩旁，南北向的公路，直直一條，很簡單好
走，不容易迷路。到納帕酒鄉除了開車外，還有另一
種旅遊選擇就是搭乘觀光火車，先搭乘BART在North
Concord/Martinez站下，再搭乘由觀光火車提供的接駁
車到觀光火車的第一站，一趟近3小時的火車之旅，
從納帕出發到首都聖海倫娜(St Helena)，將美麗酒鄉
的山谷風光盡收眼底。

Napa Valley Wine
Train Visitor Center

Napa

㉙

● 開啟加州葡萄酒新里程

1 羅伯特 蒙大維酒莊
Robert Mondavi Winery

✉ 7801 St Helena Hwy Oakville, CA 94574 ➡ 從舊金山開車前往約1小時車程，高速公路I-80往東，接37號公路到Vallejo，再走29號公路到納帕 ☎ 707 226 1395 ⏰ 週一～日10:00～17:00 http www.robertmondaviwinery.com MAP P.133

成立於1966年，在加州釀酒業尚未成熟之際，蒙大維先生將不鏽鋼桶、法國小型橡木桶等先進設備帶入釀酒廠，並以低溫發酵和自然種植等先進技術，帶領加州葡萄酒生產走向新

的里程，許多人稱他為加州葡萄酒之父。這股對釀酒技術的執著和不斷創新的精

神，使其一手建立起來的酒莊，成為納帕最知名、規模最大的酒莊，也是將加州葡萄酒推向國際舞台的重要推手，是納帕葡萄酒界的傳奇人物。

目前年產量已經高達800萬桶，行銷全世界，其中最出名的得意之作是Napa Valley Cabernet Sauvignon Reserve精選酒系列，評分都在90分之上。酒莊的建築採西班牙風格、開闊的葡萄園景、氣派的釀酒廠和豐富的藏酒，讓

(©Justin Chang張怡德)

- - - - - 10:00～11:30 - - - - -

遊玩鐵則

想看一串串葡萄掛滿樹，夏天是最佳造訪時間，也是納帕最熱鬧時候。

戶外用餐品酒區

● 平易價格暢飲各式葡萄酒

2 薩圖依酒莊
V. Sattui Winery

✉ 1111 White Ln Saint Helena, CA 94574 ➡ 位於29號公路上 ☎ 707 963 7774 ⏰ 週一～日09:00～17:00 http www.vsattui.com MAP P.133

古色古香的義大利式古堡建築、前方有美麗的大草皮可供野餐，加上葡萄酒價格平易近人，這間創立於1885年的酒莊，一直深受觀光客喜愛。酒莊的葡萄酒款高達20多種，採取直銷的方式只賣給慕名而來的旅客，不在其他地方販售，每人15美元便可品嘗6杯紅酒與白酒，可以說是非常親民且負擔得起，很多圖個醉

週末BBQ

人輕鬆放慢腳步，這裡常舉辦各式藝文活動和品酒旅遊，2014年更新設了戶外品酒區，白色的棚子配上遼闊的酒園美景，讓這裡的人氣持續高居不下。爲服務更多華人旅客，也提供中文品酒導覽，時間在每週五和六，早上10:30，總長75分鐘，每人30美元。

品酒師介紹紅酒

新設立的戶外品酒區

11:30～13:00

的朋友，都會把這裡當作最後一站，暢飲過癮再回家。

除了價格實惠之外，酒莊內的熟食區也是一大吸引人之處，有各式各樣搭配葡萄酒的起司，種類繁多完全不輸給大型超市，還有三明治、下酒菜跟臘腸等等，爲前來野餐的遊客提供超多不同選擇，週末假日另有戶外BBQ跟現烤披薩，讓整個莊園的草地都坐滿了野餐的遊客，大家隨地而坐的品著酒吃著美食，非常熱鬧。如果吃不過癮，對面還有高檔的超市Dean & Deluca喔！

紅酒區

口味多種的起司選擇

酒窖參觀(©謝承佑)

● 納帕最頂級的酒莊之一

3 作品一號酒莊
Opus One Winery

✉ 7900 St. Helena Hwy Oakville, CA 94562　➡ 位於29號公路上　☎ 707 944 9442　🕐 週一～日10:00～16:00　http www.opusonewinery.com　MAP P.133

　「Opus One」源自於拉丁文裡的音樂術語，指的是作曲家第一個作品，簡潔特色的名字成為波爾多五大酒莊之一的 Mouton Rothschild 跟加州納帕的 Robert Mondavi 所合開的第一間酒莊。融合了文化、創新和追求完美的精神，這兩位新、舊世界的葡萄酒酒王攜手合作的佳釀，曾創造出美國加州葡萄酒歷史上最高的價格，也是第一個出口到歐洲國家的美國葡萄酒，並獲得無數品酒師的好評，是納帕最頂級的酒莊之一，酒莊的標誌，便是以兩人側面頭像剪影為主，象徵著聯合釀造的精品和彼此堅

13:30～15:30

● 具法國血統的人氣氣泡酒

4 香東酒莊
Domaine Chandon Winery

✉ 1 California Dr, Yountville, CA 94599　➡ 位於29號公路旁　☎ 707 944 8844　🕐 週一～日10:00～17:00　http www.chandon.com　MAP P.133

　隸屬於法國LVMH精品集團，香東酒莊是法國酩悅香檳 (Moet & Chandon) 在1973年於納帕設立，以出產順滑的氣泡葡萄酒聞名於世，也是加州第一間擁有法國血統的酒莊。來到這，可以用負擔得起的價格，享受一杯冰涼的氣泡葡萄酒，並欣賞美麗的釀酒環境。

　製成香檳需使用3種葡萄品種，分別是Pinot Noir、Pinot Meunier和Chardonnary，創辦人Moët-Hennessy認為納帕的土質跟氣候很適合栽種此類葡萄，便遠渡重洋在此蓋了香東酒莊，它生產的氣泡酒均採用法國傳統香檳釀造法，

很快地便在加州闖出名號，深受遊客和品酒人士歡迎。(請注意只有在法國香檳區生產的香檳才叫做香檳，所以即使本質跟作法相同，不是在法國香檳區生產，就只能稱之為氣泡酒。)

　酒莊內導覽被公認為美國最棒的品酒之旅，

香檳氣泡酒

每人40美元，時間約1～2小時，建議提前預約。喜歡氣泡酒的朋友，可試試看Etoile系列氣泡酒和粉紅玫瑰氣泡酒，入口氣泡

雄偉建築的入口處

酒標(©謝承佑)

定不拔的友情。

　　酒莊於1991年建成開放，大理石材的高柱建築頗有低調的貴族之氣，2樓的觀景台可以俯瞰整座葡萄莊園，相當漂亮。酒莊導覽一天有兩個時段，分別是13:00和14:30，行程總長90分鐘，包含歷史介紹、釀造過程，和品嘗最新年份的紅酒一杯，每人75美元，需要提前一星期預約，如不參加導覽，每杯品酒價格為40美元。

紅酒試飲(©小綠)

15:45～17:30

濃密並充滿果香。酒莊內的Etoile餐廳也曾獲選《葡萄酒觀察家》雜誌「最佳精品餐館」，是美食美酒愛好者不可錯過的另一景點。

酒莊入口(©Justin Chang張怡德)

美麗的庭園造景

戶外品酒區

室內品酒區

小小的法式甜點店　　　　　　　店內是法式風格的木頭展示櫃

甜滋滋甜點　　　　　　　　　　剛上架的麵包，很快就被一掃而空

17:30～18:00

●小資族的米其林享受

6　ad hoc

✉ 6476 Washington St Yountville, CA 94599　➡ 位於29號
公路旁　☎ 707 944 2487　🕐 週一、週四～六17:00～
22:00，週日10:00～13:00，17:00～22:00　http www.
adhocrestaurant.com　MAP P.133

遊玩鐵則
人氣餐廳，需提前
二週訂位。

→每日菜單

美國最知名的主廚Thomas Keller旗下有好幾間精品般的法式餐廳，其中在納帕的3間分別

是米其林三星的French Laundry、米其林一星的Bouchon和ad hoc。

　　ad hoc走的是新美式料理，每天只推出一種晚餐套餐，每天更換不同菜單，從前菜到甜點共4道，餐點精緻美味在美食網Yelp上有近滿分的評價，1人份要價50美元，比起另外2間米其林級的餐廳，這裡可說是平易近人得許多。

　　值得一提的還有餐廳後方的Addendum外帶區，中午會販售一些簡單輕食，其中最有名、最熱門的就是炸雞套餐，內有3塊炸雞、玉米麵包、馬鈴薯泥和玉米粒，要價16.5美元，其炸雞酥脆不油又香嫩多汁，讓人吮指回味再三，有納帕最好吃的炸雞美稱，如果沒訂到這家的晚餐，不妨外帶一份再回家吧！

● 超人氣法式甜點小舖

5 Bouchon Bakery

✉ 6528 Washington St Yountville, CA 94599　➡ 位於29號
公路旁　☎ 707 944 2253　🕐 週一～日07:00～19:00　http
bouchonbakery.com　MAP P.133

Bouchon Bakery位在法式餐館Bouchon Bistro
旁邊，當初設立這間小小的麵包屋，不僅想為
餐廳帶來不一樣的咖啡甜點選擇，並希望把巴
黎飄香的經典烘焙技術帶到美國，孰知這間小
小的店鋪人氣超旺，大受
歡迎的程度完全不輸
一旁的米其林餐館。
很多人來到這即使
不用餐，也會走進這間
店外帶幾個甜點麵包。

↑ 超好吃布朗尼

店內是木製
的裝潢，整體
明亮又溫馨，
放在展示櫃裡
的甜點和麵包
就像珠寶般閃
閃發亮，推薦
一袋8個裝入的
迷你布朗尼，
甜而不膩是必
嘗商品之一，
其他像是法式
TKO餅乾、馬
卡龍和可頌
都是熱賣
商品。

戶外用餐

╱人氣馬卡龍

18:30～21:00

休息囉

主廚甜點

獨特戶外造景

提供各式紅酒吧台

甜菜根沙拉

Duckhorn Vineyards

✉ 1000 Lodi Ln Saint Helena, CA 94574　☎ 707 963 7108
🕐 週一～日10:00～16:00　http www.duckhorn.com　MAP P.133

美國歐巴馬總統在2009年的就職國宴上，選用的就是來自Duckhorn酒莊的紅酒與白酒，但這還不是它們成名的原因，創立於1976年，酒莊主人相信納帕的土壤如波爾多左岸一樣豐富多元，極適合栽種Merlot，於是當其他加州酒莊都以Cabernet Sauvignon為主打時，他們就已經集中全力在Merlot，現在旗下已有7款不同的Merlot，可說是以Merlot發跡起家，其

中2008 Napa Valley Merlot Three Palms Vineyard是我喝過最棒的，強壯的丹寧卻有著滑順口感(丹寧，Tannin，是一種酸性物質，是存在葡萄皮中的一種元素，紅酒味道來自於此)，非常喜歡。酒莊試飲的價格為30美元5杯，1杯白酒4杯紅酒，建議提前預約。如果這已經是你第二次以上造訪納帕，相當推薦將此酒莊排入行程喔！

品酒區(©Anita Tsai)

戶外賞酒區(©Anita Tsai)

法國洗衣坊餐廳
The French Laundry

遊玩鐵則
必須提早半年前訂位。

✉ 6640 Washington St Yountville, CA 94599　☎ 707 944 2380　🕐 週一～四17:30～21:15，週五～日11:00～13:00，17:30～21:15　http www.frenchlaundry.com　MAP P.133

位於全世界米其林星級餐廳最密集的小鎮Yountville，The French Laundry(法國洗衣坊餐廳)可說是最享負盛名，如神一般等級的米其林三星餐廳，想吃上一頓晚餐還必須提前半年訂位喔！1994年，天才主廚Thomas Keller將這個蒸汽洗衣房買下改建成餐廳，提供美式作風的法國料理，每道菜皆嚴選當令食材並加以功夫細膩的調味，將食物發揮最極致的感官層次，從開幕至今獲獎無數，並被選為全世界前50名頂級餐廳。他也是唯一一位有兩家餐廳獲得米星林三星殊榮的美籍廚師(另一間為紐約的Per Ser)。米其林餐點要價不斐，酒水加服務費，一人約500美元。

有機農場

低調的大門入口

Beringer Vineyards

✉ 2000 Main Street, Saint Helena, CA 94574　📞 707 302 7592　🕐 週一～日10:00～18:00　🌐 www.beringer.com　🗺 P.133

納帕最老的酒莊，1876年創立至今已有百年歷史。高雅的建築外觀，襯上精緻的彩繪玻璃，彷彿歐洲貴族豪宅；酒莊的下方有個深達300公尺酒窖，當年由中國勞工徒手挖掘，火山岩石和天然地窖，讓洞內一直維持最適合葡萄酒保存的恆溫58°F，釀造出來Private Reserve系列的Cabernet Sauvignon是酒莊的熱銷款。

Darioush Winery

✉ 4240 Silverado Trl Napa, CA 94558　📞 707 257 2345　🕐 週一～日 10:30～17:00　🌐 www.darioush.com

典雅宏偉的古波斯宮殿建築，門口高聳入天的圓柱，讓人很難移開目光。酒莊主人是伊朗移民，難忘年幼時對釀酒的熱情，便斥資建造這座美輪美奐的酒莊，2004年開幕，算是納帕新興的酒莊。這裡的品酒價位並不低，每人40美元5杯酒(2杯白酒3杯紅酒)，值得一提的是配酒的開心果非常好吃。

宏偉的酒莊外觀

Castello di Amorosa

✉ 4045 St Helena Hwy, Calistoga, CA 94515　📞 707 967 6272　🕐 週一～日09:30～18:00　🌐 www.castellodiamorosa.com　🗺 P.133

鄉村城堡似的酒莊，隨處閒晃都有置身中古世紀感覺，地下的酒窖裝潢精緻，草地上養了可愛的綿羊和小雞，是一個氣氛很歡樂的酒莊，非常適合拍照跟參觀。推薦這裡使用100%釀酒葡萄斯洛特製成的果汁，非常鮮甜好喝，朋友們總是一次帶個12瓶回家。

城堡酒莊(©Justin Chang張怡德)

(©Yang

Day 13

遊賞半月灣漁港好時光

　　位於舊金山以南，車程約45分鐘，半月灣是個迷人的小漁港，除了有販售現撈海產之外，春天百花盛開，夏天有好吃的櫻桃，秋天是南瓜的盛產之地，冬天開始賣起聖誕樹，是郊遊賞景的好去處。這裡也是衝浪愛好者的天堂，每年Mavericks國際衝浪大賽，齊聚全球衝浪好手，企圖征服最高可達50呎的巨浪。10月舉行的半月灣南瓜節(Half Moon Bay Art & Pumpkin Festival)是地方上的大盛事，吸引了無數的遊人和觀光客，讓半月灣成為著名的南瓜之都。來到此，不妨花個一天時間探索這可愛的小城及享受四周大自然的美景。

Day 13
路線 plan

>> 遊賞半月灣漁港好時光

Start

10:00
|
12:00

開車5分鐘

① Fitzgerald海洋生
態保護區

一窺海洋生物的小小世界，保護區
旁邊則是如童話森林般的林蔭小
徑。

12:00
|
14:00

開車7分鐘

② Sam's Chowder House

酥香鬆軟的奶油麵
包，配上整塊龍蝦
肉佐芹菜丁，成為
鮮甜銷魂的人氣龍
蝦三明治。

14:00
|
17:00

開車8分鐘

③ 市場街

保留海濱小城的原始風
情，街道兩旁有許多特
色小店、餐館、酒吧和
旅館。

Goal

17:00
|
20:00

④ 麗池飯店

矗立在懸崖邊的五星級海邊旅館，擁有
絕美的海景跟面海的高爾夫球場，是名
流貴婦的最愛。

一日花費小Tips
*以下幣值以美元計算。

Fitzgerald 海洋生態保護區參觀	免費
Sam's Chowder House午餐	$20
麗池飯店參觀	$免費
租車	$40
Total	$60

(1)

Moss Beach

1 Fitzgerald海洋生態保護區
Fitzgerald Marine Reserve

2 Sam's Chowder House

(1)

半月灣
Half Moon Bay

Gherkin's

萊莫斯農場
Lemos Farm

(92)

Pastorino's
Farms

Half Moon Bay State Beach

3 半月灣南瓜節
Half Moon Bay
Art & Pumpkin
Festival

市場街
Main Street

(1)

4

麗池飯店
Ritz Carlton Hotel

| 交・通・對・策 |

沿著1號公路從舊金山往南開，約45分鐘就可以看到半月灣州立公園的旅客中心。今天主要的景點都在1號公路上，南北向的公路，沿途海景很漂亮，而每個景點距離不到10分鐘車程，開起來輕鬆簡單，不用擔心會迷路。半月灣的市區只有一條主要街道(Main Street)，街道兩旁有不少小店跟餐廳，但範圍並不大，只有短短幾個街口而已，適合午後散步跟體驗小鎮風情；喜歡大自然風景的朋友，不妨多規畫時間在半月灣四周的天然美景，其中擁有絕美懸崖海景的「Ritz Carlton飯店」和「Fitzgerald Marine Reserve」海洋生態保護區，建議至少花半天時間來探索。

Start   10:00~12:00

遊賞半月灣漁港好時光

●親子一同體驗潮間帶生態

1 Fitzgerald海洋生態保護區
Fitzgerald Marine Reserve

✉ 200 Nevada Ave Moss Beach, CA 94038 ➡ 位於舊金山南邊48公里處，1號公路往南開40分鐘 ☎ 650 728 3584 💲 免費 🕐 週一～日08:00開門，結束時間依季節及當天天氣有所不同 http www.fitzgeraldreserve.org/newffmrsite MAP P.144

Fitzgerald海洋生態保護區是一條臨海的沙灘，陽光晴朗時，可以到這散步看漲潮，吸一口太平洋的鹹鹹海風，非常愜意。潮退的時候，可以捲起褲管在礁石間的潮間帶(Tide Pool)尋寶，近距離欣賞各式蝦蟹貝類，像是美麗的海葵、手長腳長且行動靈敏的寄居蟹、縮起來狀如石頭的海星和海蝸牛等等，宛如小小的海洋世界，很多家長喜歡帶著孩子到這學習和玩耍，幸運的話，還可以看到懶洋洋的海獅正在岩石上睡大覺喔！開心玩耍之餘，請注意區內所有東西都受保護不可帶走。岩石濕滑跟風大，要帶外套跟穿防滑鞋，出發前也要查好潮汐時段，才可以看到可愛的海洋生物。

除了海景外，保護區還有一處森林小徑，沿著入口指示慢慢往上爬，樹枝交錯成蔭，頗有黑森林之姿，隨處一拍也都美得像風景明信片，而路徑不算陡長，大朋友小朋友都可以走得完，來到這也別錯過這個像童話森林的小徑，呼吸一下大自然的芬多精。

樹林小徑

●保證回味無窮的龍蝦三明治

2 Sam's Chowder House

✉ 4210 N Cabrillo Hwy Half Moon Bay, CA 94019 ➡ 位於1號公路上，Beach House 飯店旁，開車約5分鐘。公車17號，在Capistrano Rd & Pillar Point Harbor站下 ☎ 650 712 0245 🕐 週一～四11:30～21:00，週五～六11:30～21:30，週日11:30～21:00 http www.samschowder house.com MAP P.144

╱龍蝦三明治

　　除了豪邁岩烤的牛排、餡料飽滿的漢堡外，龍蝦三明治肯定是另一個令人難忘的美式食物。Sam's Chowder House是半月灣知名的餐廳，店內的龍蝦三明治獲獎無數，被美國電視台NBC評為全美最好吃的三明治前5名。和傳統作法不同，這裡的龍蝦內餡不加美乃滋拌成沙拉，只將大塊龍蝦肉用溫熱的牛油稍稍微浸，加上新鮮的西洋芹菜丁和特調香料，輕鬆帶出鮮甜銷魂的滋味；麵包塗上奶油後兩面煎香，

酥脆鬆軟、微甜口感，和鮮美龍蝦肉速配到不行，配上爽口的Cole Slaw (高麗菜沙拉)是令人滿意滿足的一餐，喜歡龍蝦的朋友不可錯過；店內其他海鮮餐點，像是生蠔拼盤、蛤蠣巧達濃湯、燉海鮮湯等等也頗受歡迎，比較特別的紐澳良燉飯，口感獨特濃郁，是另一道值得推薦的人氣餐點。

　　食物美味之外，餐廳的環境也被評為灣區最佳戶外用餐區，有面海的彩色竹椅讓人欣賞風

- - - - - - - - - - - - - 12:00～14:00 - - - - - - - - - - -

↑Pasta Moon義大利海鮮麵　→傳統美式杯子蛋糕

●小店及餐廳讓漁村更熱鬧

3 市場街
Main Street

✉ 半月灣主街(Main Street)，介於Mill街跟Kelly街間 ➡ 1號公路往南開約7分鐘。公車17號，在Miramontes Point Rd & Hwy1下 🕐 各店家時間不一，請先上網查詢 http www.visithalfmoonbay.org/half-moon-bay MAP P.144

　　半月灣是美國知名1號公路其中的一段，沿途有大大小小的海灘，美麗如小桃源，假日常吸引許多遊客旅人前往，讓小鎮增添不少熱鬧氣氛。Main Street是唯一的市中心，雖然只有短短的幾個街區，但街道兩旁的特色小店、餐廳、藝品店、酒吧和旅館林立，每間各有特色，並保留了海濱小城的原始風情，漂亮又有情調，這裡也是每年萬聖節時南瓜大賽的舉辦之地。來到這有幾間有趣的小店和餐廳，像是義

景，假日還有Live音樂表演，相當舒適宜人，難怪停車場永遠擠滿人潮，建議一定要提前訂位，不然等上1小時可是常有的事。

衝浪板Bar台

戶外座椅

觀海景座椅

 14:00～17:00

Half Moon Bay Feed & Fuel

手工肥皂店

大利餐廳Pasta Moon，招牌海鮮義大利麵用的是當地現捕的漁貨海鮮和家庭自製手工麵條。Fish N Frites，各類海鮮魚類以時價計算，現點現炸口味鮮美。Half Moon Bay Feed & Fuel，外觀很像農具店的倉庫，門前有乾牧草及手推車，室內賣肥料、種子及工作服，這裡可是不折不扣的雞場，只要花個5美元就可以帶回一隻剛出生放山小雞。其他像是廚具店、手工肥皂、雪茄店、起司紅酒專賣店等等，都在這條街上可以找到。

→印第安雪茄館

● 讓你快門按不停的絕美海景

4 麗池飯店
Ritz Carlton Hotel

✉ 1 Miramontes Point Rd Half Moon Bay, CA 94019　➡ 位於1號公路上，開車在Miramontes Point 路右轉。公車17號，在Miramontes Point Rd & Hwy 1站下　☎ 650 712 7000　❓ 飯店的海景可免費參觀，但停車費20美元上下，建議在進入飯店前的戶外免費停車場，先停車再步行3分鐘　🌐 www.ritzcarlton.com/en/Properties/HalfMoonBay/Default.htm　🗺 P.144

很多人來到半月灣，一定會到麗池飯店走走，我自己也是，吸引人之處在於飯店後方有絕美海景，優美得令人停止呼吸，即使來過好幾次，快門還是不停按下去，有時沿著海岸步道漫步，還會看到穿著蘇格蘭裙著的樂手，悠悠地吹奏音樂，充滿濃濃的英倫風情，而面對海景的戶外座椅，風大天冷時會點起火爐，旅客們很愛在這喝著熱巧克力圍著大浴巾，聊天賞景非常愜意。懸崖的下方是白沙海灘，住客會帶著孩子和狗狗全家出動，在海灘上追逐玩耍享受日光浴；旅館的周遭是高爾夫球場，伴著美景朝著大海揮竿，非常五星級的奢華享受。

除了美景之外，這裡的美食也不可錯過。頗富盛名的Navio餐廳，週日早午餐Buffet可是當選過舊金山名廚精選(San Francisco Chefs)的灣區早午餐第一名，供應魚子醬吃到飽，還有各式海鮮、鴨胸肉、牛排，和現做麵包跟巧克力，但要價不斐，每人100美元。旁邊純白挑高的Tea Lounge，下午茶的甜點跟咖啡也是品質一流，配上大片落地窗的海景，C/P值相當高。

非常適合放空的戶外休憩區(©Justin Chang張怡德)

海天一線的高爾夫球場是名流最愛

同場加映順遊 ♪

半月灣南瓜節
Half Moon Bay Art & Pumpkin Festival

✉ 半月灣主街(Main Street)上，介於Miramontes街和Spruce街間 ➡ 位於舊金山南邊48公里處，1號公路往南開40分鐘 🕐 每年10月哥倫布節的週末，09:00～17:00 💲 免費 🌐 pumpkinfest.miramarevents.com MAP P.144

遊賞半月灣漁港好時光

年度最大南瓜比賽(©Justin Chang張怡德)

　　萬聖節是美國傳統的鬼節，每到10月處處都會充滿著搞鬼氛圍，象徵豐收的南瓜是萬聖節必備的裝飾，也是慶典的主角。聞名全美的「半月灣南瓜節」從1971年開始舉辦，至今已經超過40年，最受歡迎的「南瓜比重大賽」，每年都會吸引全美各地的農夫，帶著他們的巨無霸南瓜前來一較高下，冠軍獎金是根據南瓜重量而定，每磅價值6美元，獲得2014年冠軍的是來自納帕的約翰霍克利(John Hawkley)，重達2,058磅(933公斤)，除了為農夫帶來豐盛獎金外，巨大的南瓜也讓現場氣氛更添熱鬧。

　　南瓜節還有許多有趣的活動，像是化妝大遊行、音樂表演，知名雕刻家農夫麥克(Farmer Mike)也會在現場表演雕刻巨大南瓜的拿手絕活。現場會提供各種南瓜口味的節慶食品，包括；南瓜啤酒、南瓜吉拿棒、南瓜冰淇淋、南瓜冰沙、南瓜雞肉香腸等等，讓過節的人們享受一種難忘的體驗。

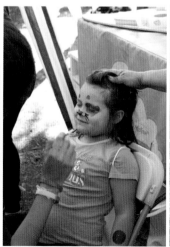

Pastorino's Farms

✉ 12391 San Mateo Rd Half Moon Bay, CA 94019 ☎ 650 726 6440 🕐 週一～六09:30～17:30，週日12:00～17:00 🌐 www.pastorinofarms.com 🗺 P.144

　　半月灣附近有許多大大小小的南瓜農場，每間各有不同的特色，也會舉辦不同活動來招攬遊客。Pastorino's Farms就在半月灣的入口處，每年秋天會開放南瓜田和玉米田，讓遊客可以現場採收，很多人會一邊拉著小推車，一邊盤算挑著，不要以為南瓜的品種只有一兩樣，這裡各式各款的南瓜，可是讓人眼花撩亂，農場主人也會耐心的教導南瓜的外觀跟品種。除了採收南瓜外，這裡還有小火車遊園、乾草堆大迷宮、小豬小羊抱抱等等其他活動，並販售各種萬聖節裝飾，讓大人小朋友都可以開心度過一下午。

農場一角

萊莫斯農場
Lemos Farm

✉ 12320 San Mateo Rd Half Moon Bay, CA 94019 ☎ 650 726 2342 🕐 週一～日09:00～17:00 🌐 www.lemosfarm.com 🗺 P.144

　　半月灣人氣最旺的小農場之一，以開放式的小孩遊樂區出名，平日有騎小馬、餵寵物、折氣球等等活動，還有許多傳統手工打造的木造小火車、搖晃木馬、盪鞦韆等等，農場也承辦生日活動，很多父母喜歡帶著小朋友到

遍地南瓜

這追尋老式復古的玩具，分享童年單純的童真，是一個適合親子出遊的好地方。這裡每到10月會搖身一變成為具有濃濃過節氣氛的鬼屋，遠遠就可以看到滿地南瓜、稻草堆成的小屋迷宮、蝙蝠裝飾和白色小鬼等等，吸引很多遊客遠道而來。

FOOD COURT

Day 14

荷包裝滿，Outlet瘋狂血拼日

每年感恩節前後及5月的國殤紀念日是美國最大的折扣季，此時是採購各品牌的最好時機，如果沒遇上折扣季也別失望，可以轉往舊金山近郊的Outlet來血拼一下，一樣可以搶到便宜又實用的東西哦！Livermore的戶外折扣商場，幾乎每走5步就有一家大名鼎鼎的品牌，在這可以找到150美元不到的Coach包包、3.99美元的Gap童裝、12.99美元的A&F衣服、19美元的Levi's牛仔褲等等多不勝數，每樣都比正價便宜5成以上，讓你買到手軟、逛到腿軟。中午還可到美食街用餐，商場裡餐館種類繁多，從中式快炒到西式漢堡、披薩、炸雞等等都有，用餐時間一位難求。

buy 1
get 1
50% off
EXCLUSIONS APPLY

Day 14 路線 plan

>>荷包裝滿，Outlet瘋狂血拼日

Start

09:30 ～ 12:00

1 商場A區

一連好幾間知名童裝店、NIKE運動鞋和Levi's牛仔褲，讓你買到賺到。

步行5分鐘

12:15 ～ 15:00

2 商場B區

人手一個Coach包包，在這以對折以下的價格販售，是超高人氣的代購商品。

步行5分鐘

15:30 ～ 17:30

3 商場C區

在台灣動輒破萬元牛仔褲，在這裡應有盡有，還有貴婦最愛的Burberry風衣。

步行5分鐘

Goal

17:30 ～ 20:00

4 商場D區

從國民品牌到精品大牌，每間店都擠滿淘寶的人潮，是敗家族的血拼之地。

一日花費小Tips

*以下幣值以美元計算。

商場折扣券	$5
美食街午餐	$10
交通費(租車)	$40
Total	**$55**

Outlet商場區域分布地圖

A區

1. 3202 NIKE
2. 3210 Levis
3. 3380 Carter's
4. 3370 The Children's Place
5. 3350 Gymboree
6. 3238 Michael Kors
7. 3394 Tommy Hilfiger
8. 3310 Saks Fifth Avenue off 5th

B區

1. 3130 Bloomingdales
2. 3098 COACH
3. 3076 Crocs
4. 3050 Le Creuset
5. 3002 GAP
6. 3276 Swarovski
7. 3152 Diesel

C區

1. 2990 Banana Republic
2. 2958 Joe's Jeans
3. 2940 BCBG
4. 2742 7 for all Mankid
5. 2910 True Religion Brand Jeans
6. 2890 Hugo Boss Factory Store
7. 2880 Last Call by Neiman Marcus
8. 2840 Burberry
9. 2720 Kate Spade New York
10. 2716 L'Occitane

D區

1. 2802 Armani outlet
2. 2690 Polo Ralph Lauren
3. 2868 American Eagle
4. 2788 Abercrombie & Fitch/ Hollister
5. 2654 Kenneth Cole
6. 2780 Aldo
7. 2626 Barney's New York
8. 2618 J Crew

交・通・對・策

前往 Livermore Premium Outlets，有3種交通方式，最行動方便跟省時的方式是開車前往，沿著高速公路I-580，購物商場就在舊金山往東約40分鐘車程處，Outlet另有提供免費的戶外停車場，假日通常人潮擁擠，建議可以早點出發；搭乘大眾交通工具BART在Pleasanton/Dublin站下後，再搭12號公車前往，要注意公車和BART最後發車時間，小心不要因為買得大開心而錯過末班車喔！如果有起過6人以上從舊金山出發，可搭乘由Outlet提供的接駁專車，但需要提前預約。有些當地的華人旅行團有提供Outlet一日遊的接駁巴士，也可以上網查詢。

153

●瘋狂搶購名牌貨

←售價5元的折扣券本，提供各大商店額外7～9折優惠

利佛莫爾名牌折扣購物中心
Livermore Premium Outlets

✉ 2774 Livermore Outlets Drive Livermore, CA 94551　➡ 位於舊金山往東約40分鐘車程，高速公路I-580，El Charro Rd 出口；搭乘BART在Pleasanton/Dublin站下，之後搭12號公車前往　☎ 925 292 2868　🕐 週一～六10:00～21:00，週日10:00～19:00；特殊假日：國殤日(5月最後一週的週一)、國慶日、勞工節、感恩節和聖誕節延長開放，請參考網站公布時間　❓ 6人以上從舊金山出發，可搭乘Outlet接駁專車，預約電話：888 483 5566　http www.premiumoutlets.com/outlets/outlet.asp?id=107　MAP P.153

　　Premium Outlet在加州有11間分店，受到歡迎的主因是其寬敞開放的購物環境，和物美價廉的商品。雖然買的是過季商品，但店家的陳列與擺示都與正品店相似，也清楚標示出原價和折扣後的價差，讓消費者可以一目了然，而商品的品質仍與一般正品無異，可以說是小資女孩們的購物天堂。本書將百家商店分成A、B、C、D 4大區域，分別介紹必敗的折扣品牌，讓你可以輕鬆跟著地圖，找到喜歡的店家大買特買。

　　瘋狂購物之前，也別忘了幾個省錢小撇步，先到美食街裡的遊客資訊中心(Information Center)，在購物目錄的展示櫃上有各店家8～9折不等的折價券，可免費自取；遊客資訊中心另售有一本5美元的折扣本，裡頭有各店家的獨家優惠，適合大肆採買的朋友，AAA會員卡可免費兌換此折扣本；或事先上網加入VIP Shopper Club，除可免費兌換折扣本外，會員還可透過E-mail收到獨家優惠折扣。

Food Court美食街

購物環境

遊客資訊中心

先了解商場區域，搶購快狠準

1 商場A區精選折扣品牌　09:30~10:30

幾個不可錯過的品牌有：

1. **NIKE**：球鞋的價格大概是原價的6～8折，幸運的話可以找到剛上市不久的新品，有些NIKE ID被退貨的商品，在這也會以便宜的價格販售；運動衣等等常有買一送一的折扣。

Michael Kors折扣店

2. **童裝天堂**：媽媽們最愛的代購品牌像是Carter's、Gymboree和Child's Place等等都在此區，在商店最裡面還會有出清區，每件童裝都不到5美元，非常好買。

3. **Michael Kors**：最近被引進台灣的美國品牌，包包價格都是台灣的1/3價，熱賣款的金錶在這也找得到喔！國定假日會有額外7折不等的優惠。

4. **Levi's**：各款各式的牛仔褲應有盡有，不敗款501打完折不到20美元，便宜又划算。

擠滿試穿人潮的NIKE

2 商場B區精選折扣品牌　12:15~15:00

種類超多的Le Creuset鍋

Crocs平價拖鞋

這裡必敗的品牌首推：

1. **COACH**：遠遠就可以看到長長的排隊隊伍，售貨人員會在門口發給每人1張額外8折券，結帳時出示可再享有折扣。這裡包包款式齊全，價格幾乎是原價的5～7折不等，有些過季款式甚至再給對折，很容易就逛到失心瘋。請注意不論大小包或配件，持有護照的遊客最多只能購買10個。

2. **Le Creuset**：法國百年老牌鑄鐵鍋，是鍋子界的頂級名牌，店內販售的顏色跟款式相當齊全，喜歡廚具的主婦千萬不可錯過這裡超優惠的價格。

3. **GAP**：美國國民品牌，不論是童裝還是大人衣服應有盡有。

4. **Crocs**：舒適柔軟的洞洞鞋，超貼腳型且輕巧，美國的孩童幾乎人腳一雙。

Burberry精品特賣

3 商場C區精選折扣品牌 15:30～17:30

上班族愛的知名牌子,在這都找得到。

1. Banana Republic: 香蕉共和國是GAP集團旗下比較高級的品牌,深受美國的上班族喜愛,其衣服的設計及剪裁走都市摩登的風格。

2. 牛仔褲專區: 牛仔褲迷不可錯過此區,幾個在台灣動輒都要破萬元的牛仔褲品牌,在這都以對折以下的價格販售,像是好萊塢女星最愛的7 for all Mankind,其修飾下半身的效果和服貼柔軟的材質,常在各大時尚雜誌看到;好看又顯瘦的Joe's Jeans,提臀效果一流;以精美的繡花和水洗感手工做舊出名的True Religion Brand Jeans,是男生最愛收購的牌子之一。

3. Hugo Boss: 貴到天價的西裝,在這都對折以下出售。

4. Nine West: 上班族最愛的高跟鞋品牌,常常有買1雙第2雙5折的折扣,有時會有包包及配件出清,可以掏寶撿便宜。

5. Burberry: 貴婦們要瘋狂了,經典款風衣、圍巾和包包在這應有盡有,店內的裝潢跟擺設跟正店一樣,店員也會說中文喔!

6. Kate Spade: 以色彩繽紛的手提包和配件聞名的紐約品牌,是最近竄紅的年輕品牌。

7. L' Occitane: 熱買款的乳液和護手霜,通通便宜出清。

Burberry 風衣

歐舒丹特價禮盒

Kate Spade繽紛店面

4 商場D區精選折扣品牌

從國民品牌到精品大牌，此區應有盡有。

1. **Abercrombie & Fitch**：以糜鹿Logo聞名的年輕品牌走美式休閒風，料子穿起來很舒服，深受歐美和亞洲青少年喜愛，店內總是擠滿購買人潮。斜對面的American Eagle也是另一個很受歡迎的美式休閒品牌，走的是校園時尚風格，是美國高中生最愛。

2. **J. Crew**：我個人非常喜歡的牌子，每季都會入手好幾件。風格走簡約休閒風，質料跟剪裁完全不偷工減料，很耐穿且不容易退流行。

3. **Barney's New York**：頂級百貨的折扣中心，可買到不少大牌子的包包、服飾和配件，像是Marc by Marc Jacobs的過季包包和Chloe的墨鏡在這都找得到喔！

4. **PRADA**：從女士包包到男性西裝皮鞋，偌大的店面總是擠滿人潮，為了服務越來越多的華人遊客，店員還會說中文喔！

5. **Armani**：男生們最愛的西裝品牌，每套售價約台灣的1/3價，但款式並不多，要花點時間淘寶試穿。

6. **Calvin Klein**：想買舒適的內衣褲，到這就對了，其他像包包、套裝、皮件也常有5～7折的優惠。

上網訂房,方便有省到

每年的5〜10月是旅遊旺季,同樣的旅館就比淡季貴上一倍,想省錢的朋友,不妨多利用美國幾家大型旅遊網站,搜尋最物美價廉的優惠,有些網站甚至還提供「低價競標飯店」和「最後一分鐘」促銷,讓旅客省上加省。這邊要介紹幾個實用的訂房網站:

Expedia,Hotwire和Hotels.com:這3個都是在地人常用的訂房網站,有標示住宿者的心得和評鑑分數,並附加飯店位置地圖,相當方便。可接受全世界信用卡付款。

Travelnow.com:很有名的訂房網站,訂房手續簡單,每天都有特價旅館促銷。

簡單步驟,輕鬆「標」飯店

Priceline:很多背包客會在此網站「標」飯店、租車和訂機票,現在有中文網頁,讓英文不好的人也可輕鬆上手。步驟很簡單,首先在「由你定價」的頁面,輸入時間、地點和房間數量,按下「立即Bid」,接下來點選「入住區域」和「飯店星級」,最後輸入出價金額就完成競標,一旦成功標到,信用卡會立即被扣款且不能取消,非常緊張刺激。至於合理的下標價格,可以先到BetterBidding網站搜尋別人的成功交易價。

奢華星級飯店

CLIFT Hotel

✉ 495 Geary St San Francisco, CA 94102　➡ 鄰近BART Powell站　☎ 415 775 4700　$ 380美元起　📶 不提供免費使用,需收費　🍴 無供應早餐　🌐 www.morganshotelgroup.com/originals/originals-clift-san-francisco

位於舊金山市中心內,離頂級的購物商店與戲院林立的聯合廣場只有2個路口,是交通位置方便的高級飯店。由後現代大師Philippe Starck打造出新潮前衛的裝潢風格,飯店大廳擺了一個巨大的椅子和各種品味獨特的家具,房間內還有私人的更衣房和寬敞的浴室,是Philippe Starck迷的朝聖地;1樓的酒吧,每到夜晚可以看到許多時尚人士和模特兒在這飲酒聊天喔!

飯店大廳(©Clift Hotel)

The St. Regis San Francisco Hotel

✉ 125 3rd Street San Francisco, CA 94103　➡ 鄰近BART Montgomery站　☎ 415 284 4000　$ 675美元起　wifi 不提供免費使用，需收費　🍴 無供應早餐　http www.stregissanfrancisco.com

　　鄰近Moscone展覽中心、現代藝術博物館和時髦的SOMA (South of Market)區，St Regis為Starwood集團旗下最頂級酒店，比Westin又更上一層樓，是許多社會名流和明星指定的頂級飯店，超模泰拉班克斯 (Tyra Banks)是這裡的常客，女神卡卡 (Lady Gaga)和美國前副總統Al Gore也最愛到這裡餐廳用餐跟泡酒吧。除了高質感的客房，這裡也提供明星級的Spa療程，是享受奢華一晚的不二選擇。

酒吧(©St. Regis Hotel)

時尚大廳 (©St. Regis Hotel)

商務舒適飯店

Hilton San Francisco

✉ 333 O'Farrell St San Francisco, CA 94102　➡ 鄰近BART Powell站　☎ 415 771 1400　$ 230美元起　wifi 免費　🍴 有供應早餐　http www3.hilton.com/en/index.html

　　全球知名的連鎖飯店，在舊金山的聯合廣場及金融區附近都有旅館，位置方便且安全性高。飯店內有2,800平方英尺的健身房和戶外游泳池，在寸土寸金的舊金山市裡是很難得一見的設施；商務中心另提供公用電腦跟列印服務，方便旅客使用。

房間內部 (©Hilton Hotel)

飯店外觀(©Hilton Hotel)

The Powell Hotel

✉ 28 Cyrill Magnin St San Francisco CA94102　➡ 在BART Powell站旁邊　📞 415 398 3200　💲 200美元起　WiFi 有　🍴 無供應早餐　http www.thepowellhotel.com

　　位於叮噹車旁，步行可以到公車站、BART站和Cal Train，是地理位置絕佳的一間旅館。飯店內陳列的古色古香，頗有住在美式鄉下的老奶奶家感，服務人員很親切，每天早上還提供免費早餐喔！

飯店外觀(©Powell Hotel)　　　　　　　　大廳 (©Powell Hotel)

Holiday Inn

✉ 1300 Columbus Ave San Francisco, CA 94133　➡ 漁人碼頭往Jones St右轉，步行3分鐘後，看到North Point右轉　📞 415 771 9000　💲 270美元起　WiFi 有　🍴 無供應早餐　http www.holidayinn.com/hotels/us/en/reservation

　　步行可到熱鬧的漁人碼頭，周遭有超市、藥店、租自行車的店，是生活機能相當方便的飯店，如果想去市中心、聯合廣場和金門公園，公車站就在旁邊，唯一美中不足就是飯店雖然重新整修過，但是房內設施仍有些老舊。

房間內部 (©Holiday Inn)

經濟實惠飯店

USA Hostels

✉ 711 Post St, San Francisco, CA94109　➡ Main 街往北走直到看到Market街，在Market 街左轉，看到Post 街後右轉，再步行5分鐘　☎ 415 440 5600　$ 每人43美元起　WiFi 免費　🍴 有供應早餐　http www.usahostels.com/index.html

　　想節省旅費又不介意和陌生人共用房間及浴室，這間平民化的青年旅館是不錯的選擇，而且位置就在聯合廣場附近。雖然沒有高級飯店的氣派，但該有的設備一應俱全，除了提供免費的網路、多樣化早餐和洗衣外，每張床另設有獨立的夜燈跟充電插座，方便旅客夜晚上網或讀書；半夜肚子餓，還有開放廚房可使用，相當方便。旅館另提供4人一間的女生宿舍，住宿前可以先指定。

多人房 (©USA Hostels)

飯店大廳 (©USA Hostels)

Adelaide Hotel

✉ 5 Isadora Duncan Ln San Francisco, CA 94102　➡ 從BART Powell站出發，往聯合廣場方向步行，看到Post街左轉　☎ 415 359 1915　$ 每人13美元起　WiFi 有　🍴 有供應早餐　http www.adelaidehostel.com

　　房間床鋪乾淨整潔、提供免費的早餐跟網路，雖然裝潢不夠新穎，設備也只有最基本的，仍吸引許多想節省旅費的國際學生和年輕旅客前來投宿；每天晚上旅館還提供不同的免費活動，像是電影爆米夜、桌遊夜、紅酒起司夜和義大麵夜等等，很容易在這交到來自世界各地的朋友。

房間一角(©Adelaide Hotel)

交誼時間 (©Adelaide Hotel)

旅遊工具箱

舊金山的日常生活資訊

電器

電壓為115～220伏特，和台灣相同，不需特別準備轉接頭。

時差

舊金山比台灣慢16小時，但在日光節約日時(4～10月)則慢15小時。

氣候與服裝

舊金山氣候乾燥，即使夏天也舒適怡人，平均溫度在10～18度間，1～2月為雨季。除雨季外，每天幾乎都陽光普照，但日夜溫差大，加上海灣地形，冷風直吹的低溫，可是不輸台灣的寒流來襲，不論哪個季節出遊，都記得要多帶一件外套。

網路

舊金山很多咖啡館跟公共場所都有提供免費Wi-Fi，可以直接連接上網或跟商家詢問密碼。

美國的電信公司AT&T和T-Mobile有販售行動上網加電話卡。

電話撥打方式

從台灣打到美國：
台灣國際碼002+美國國碼1+區碼+電話號碼

從美國打到台灣：
001+886+區碼(去0)+電話號碼

抽菸

封閉式公開場所(車站、學校、餐廳、美術館、商場)一律禁止吸菸。

緊急醫療

美國看醫生非常昂貴，如果非緊急狀況，可先到一般藥房直接購買非處方藥，藥房通常有專業的藥劑師可以回答任何藥品問題和使用方法。24小時的藥房有CVS和Walgreens。

遊行活動

舊金山每年有些固定的封街遊行，這邊推薦幾個有趣不可錯過的：

· 聖派翠克節大遊行：最接近3/17的週日，在Market街和5街交口，一路走到Embarcadero，當天所有人都會穿上綠色衣服慶祝。

· 同性戀驕傲遊行：6月最後一個週末，從卡斯楚開始到Market街。

· SantaCon聖誕老人大遊行：上千位的聖誕老人為聖誕節提前慶祝，集合地點為聯合廣場，時間通常為12月第二個週末。

實用手機App

YELP：公信度很高的美食推薦網站，可以查詢各店家營業時間、推薦指數、美食心得、餐廳定位和地圖位置；如果看不懂英文菜單，可以直接看YELP的美食圖片點餐。建議出發前先下載。

稅金

在舊金山購物要另加9.5%的銷售稅。一般而言，商店的標價都不含稅，所以購物前可要仔細算算。

前往與抵達

緊急聯絡單位

駐舊金山台北辦事處

地址：555 Montgomery Street, Suite 501 San Francisco, CA 94111

電話：＋1 415 3627680

急難救助電話：+1 415 2651351 (車禍、搶劫、被捕等緊急求助之用)

簽證

2012年11月起，持台灣護照者前往美國境內可以免簽入境，免簽是提供90天以內的觀光和短期居留，但仍需注意備妥以下文件以備查驗：

· 中華民國護照，有效期限3個月以上

· 住宿證明或是訂房紀錄

· 旅遊行程表和回程機票

· 當地聯絡方式(飯店房間電話或是當地朋友手機)

· 醫療保險證明(自由選擇)

機場通關

請先填好入境表格，通過海關時會檢驗個人護照、機票和入境表，並詢問此次旅遊目的和停留時間，911恐怖事件後，入關會再要求照相及加蓋指紋。

美國不許攜帶肉類、水果、種子、土壤、和動植物，如有攜帶上述物品或有超過1萬美金的現鈔，請誠實以報。

交通資訊Q&A

Q 機場到市區有幾種交通方式？

A **計程車Taxi**：在Level 2的抵達大廳，門口外面有計程車等候區的間隔島，07:00～01:00有服務人員協助旅客。到市區車資約50美元。

共乘巴士Shutter：在Level 3的離境大廳，門口外的間隔島等候搭乘，費用約每人17美元，建議先事前預約。

Super Shutter：+1 650 2462772 ex11052

Advanced Airport Shutter：+1 888 8628788

BART：在國際航廈的Level 3搭乘，可到市區各點，費用約每人7美元起。

租車：在Level 4坐機場接駁車Air Train藍線到租車中心。

Q 如何租車？

A **Zipcar**：先登入成為會員後，在電腦或手機上的APP輸入想要租用的時間，系統會列出附近可租用的車子，預約好後就可前往車子停放的停車場，用會員卡開啟車門，把車開走；車鑰匙固定在車內無法取出，開/鎖車門都是使用會員卡；使用完後再把車子開回原處，還車時要留1/4桶油並保持清潔，以免被罰款。

Q 如何使用APP在市區叫車？

A **UBER**：手機APP輸入個人資料及付款方式後，就可立刻預約各
種等級轎車，從計程車到雙B轎車都有。在市區內叫計程車，通常10分鐘內車子就會
抵達，下車後不必付款，車資會自動從信用卡支付，相當方便。車資是以里程數計算，因此
短程搭乘比較划算，第一次下載搭乘後，還可獲得20美元乘車點數。

Lyft：在舊金山的大街上，如果你看到車子前面掛著大大的粉紅鬍子，就表示它有提供搭乘
服務，只要用APP預約，這類的私家車就會前來接你，費用比一般計程車便宜許多。

消費和購物Q&A

Q 小費怎麼給才好？

美國是很注重小費文化的國家

A 到餐館吃飯，午餐小費需付總餐費(稅前)的10～
15%，晚餐小費則需付15～20%，用餐人數超過6人
以上，有些餐館會自動將小費算入，就不需要額外再給；住
宿酒店每天需留1～2元美元給清潔人員，每件行李搬送約
2～4美元不等，泊車小弟約5美元；其他服務業像是剪髮、
修指甲和計程車司機，小費約10～15%。

Q 店家營業時間？

店家通常比台灣早打烊

A 和亞洲不同，這裡
的店家營業時間約
09:00～17:00，百貨和超市
會到20:00，週五和週六會
開得晚一些，週日會提早
打烊。

Q 國定假日有哪些？

國定假日折扣多，人潮也多

A 國定假日是人潮最擁擠的時候，如果碰上長
週末(連放週六、日和一)，到處更是大排長
龍，飯店和機票也會跟著漲價，但百貨跟商店會推出
節日促銷，特別是國殤紀念日、國慶日和感恩節折扣最低。

節日	日期	節日	日期
新年	1/1	馬丁路德金紀念日	1月第3個週一
總統日	2月第3個週一	國殤紀念日	5月最後一個週一
國慶日	7/4	勞工節	9月第1個週一
哥倫布紀念日	10月第2個週一	退伍軍人節	11/11
感恩節	11月第4個週四	聖誕節	12/25

夢起飛書系

一趟充滿回憶的旅行需要行動力，圓一個夢去完成心中的渴望，更需要行動力。這些旅人，不只是在旅行，更是在找自己；並企圖在旅程劃下句點之後，能確定人生方向，投入他們真正想要的志業，過他們更樂意去過的生活。

圓夢，不是靠衝動，而是一股持續醞釀與增強的動力；也不是因為別人的邀約，而是為了回應內心的呼喚。

有行動力的旅行，就在太雅出版社！從教你如何旅行，到教你如何圓夢，太雅始終是你的旅途良伴。

勇敢轉職

走！到法國學廚藝
作者◎安東尼

超過60萬人都在看的安東尼廚房出書囉！看科技新貴放棄工作，飄洋過海到法國藍帶學廚藝，突破語言不通、和從零開始的學習困難，一步步邁向法國廚師之夢！附藍帶、斐杭狄廚藝學校申請須知及上課實錄。

勇敢創業

英國開車玩一圈
作者◎Burger Bus英式漢堡店小夫妻

一個是電信所、一個是外文系畢業，兩個毫無餐飲背景的人，憑著熱情興趣，開始「不務正業」地開起漢堡店。書中分享熱血曲折的創業故事，及尋找開店靈感的環英之旅。本書也是市面上最詳盡的英國開車導覽書！

勇敢挑戰

用馬拉松旅行世界
作者◎劉憶萱（江湖一品萱）

帶著愛跑步的熱情，勇敢挑戰世界走破的夢想。一路邊跑邊玩，見識各國馬拉松的創意、特色，記錄馬場上動人的故事及畫面，是愛馬迷最想收藏的世界馬拉松精華寶典，開啟你的眼界！

勇敢出走

騎在天使安排的道路上
作者◎張永威

一位單車新手，兩年內喪失兩位至親，決定出走美國，騎單車橫跨東西岸108天。一路上遭遇最困難的處境、遇見最美好的人。書中帶領我們重新思索旅行的意義，用旅行療癒自己。

勇敢蜜月

紐西蘭自助旅行
作者◎林伯丞

新婚後不久，便毅然決然辭去安穩的工作，前往他最愛的紐西蘭國度，用打工換宿的方式，到國外家庭住住看，帶著老婆過一整年的蜜月之旅。小夫妻用心記錄了實用性高的紐西蘭旅遊與體驗行程之外，更特別收錄10個換宿家庭的故事。

太雅讀書花園
圓夢系

地鐵
自助旅行者最好的城市伴侶！

將旅行化繁為簡，跟著地鐵動線，一站站玩透透！

在每一次移動間，
感受截然不同的城市風情，
從時尚街區到摩登新建築，
遇見潮男潮女的活力，
或鑽進城市最樸實的小巷弄，
與城市古老靈魂貼心交流。
一條地鐵線，
即是一場大串連，
而每站出口，
都是一場嶄新冒險。
你，準備走出地鐵站、
展開冒險了嗎？

搭地鐵玩遍上海
作者／葉志輝　定價／370元

搭地鐵玩遍東京
作者／孫偉家　定價／480元

搭地鐵玩遍曼谷
作者／王之義　定價／350元

搭地鐵玩遍北京
作者／黃靜宜　定價／370元

搭地鐵玩遍新加坡
作者／但敏　定價／350元

搭地鐵玩遍倫敦
作者／李思瑩・英倫懶骨頭　定價／380元

搭地鐵玩遍巴黎
作者／姚筱涵　定價／420元

搭地鐵玩遍首爾
作者／索尼客　定價／480元

搭地鐵玩遍釜山
作者／Helena　定價／430元

搭地鐵玩遍紐約
作者／孫偉家　定價／450元

So Easy! 年度銷售排行榜冠軍旅遊書系

世界主題之旅

打工度假系列

太雅讀書花園

個人旅行書系

景點導覽系

　　太雅，個人旅行，台灣第一套成功的旅遊叢書，媲美歐美日，有使用期限，全面換新封面的Guide - Book。依照分區導覽，深入介紹各城市旅遊版圖、風土民情，盡情享受脫隊的深度旅遊。

　　「你可以不需要閱讀遊記來興起旅遊的心情，但不能沒有旅遊指南就出門旅行……」台灣的旅行者的閱讀需求，早已經從充滿感染力的遊記，轉化為充滿行動力的指南。太雅的旅遊書不但幫助讀者享受自己規畫行程的樂趣，同時也能創造出獨一無二的旅遊回憶。

105
京都・大阪・
神戶・奈良
作者／三小a

104
首爾・濟州
作者／車建恩

103
美國東岸
重要城市
作者／柯筱蓉

102
小三通：金門・
廈門
作者／陳玉治

101
雪梨・墨爾本
作者／王瑤琴
修訂／張勝惠、
陳小另

100
吉隆坡
作者／瑪杜莎

099
莫斯科・金環・
聖彼得堡
作者／王姿懿

098
舊金山
作者／陳婉娜

096
西班牙：
巴塞隆納・馬德
里・賽維亞
作者／邱宗翎

095
羅馬・佛羅倫斯
・威尼斯・米蘭
作者／潘錫鳳、
陳喬文、黃雅詩

094
成都・重慶
作者／陳玉治

093
西雅圖
作者／施佳瑩、
廖彥博

092
波士頓
作者／謝伯讓、
高薏涵

091
巴黎
作者／姚筱涵

090
瑞士
作者／蘇瑞銘

088
紐約
作者／許志忠

075
英國
作者／吳靜雯

074
芝加哥
作者／林云也

065
九寨溝
作者／陳守忠

047
西安
作者／陳玉治

042
大連・哈爾濱
作者／陳玉治

038
蘇州・杭州
作者／陳玉治

005
洛杉磯
作者／王之義

太雅帶你
放眼設計
DESIGN

身為太雅出版選題者，完全無法漠視今天中國城市蓬勃發展的藝術活動、激昂發聲的創作力、犀利精準的藝評、國際設計品牌與知名藝廊全數進場……在中文的世界裡，如果要獲知新潮深刻的設計創作情報，閱讀到精彩又觀點獨到的評論，必須習慣訂閱中國的雜誌，來自中國的「放眼設計」企劃與作者群是太雅最推崇的，讓這群設計前線的的觀察家帶領你穿梭在世界最美麗的角落！

聯名推薦

李根在 國立台灣科技大學工商業設計系專任助理教授

吳東龍 東喜設計工作室負責人

官政能 實踐大學副校長·工業產品設計學系教授

徐莉玲 學學文創志業董長

唐聖瀚 Pace Design 北士設計負責人

陳瑞憲 三石建築主持人

馮宇 IF OFFICE負責人

盧淑芬 ELLE雜誌總編輯

蕭青陽 設計人

聶永真 設計師

企│劃│方│向

在中國原名是「漫步設計」,是根據《Design 360°》觀念與設計雜誌改編而來。每本書的城市(或國家),都是世界公認的設計之都或美學大國,內容涵蓋建築、動畫、工業設計、室內設計、平面設計、數位設計、時裝設計和其他行業,本系列可以成為設計院校師生、專業人士、生活美學愛好者不可或缺的優良讀物書籍,通過這套圖書擴寬設計的意念和空間。

作│者│實│力

《Design 360°》雜誌是一本「亞洲主流設計雜誌」,以介紹國際先進的設計理念、獨特創意,傑出設計師,設計院校及設計資訊的設計類綜合雜誌。目前已擁有數萬名忠實讀者,成功跨越新加坡、澳大利亞、印度、中國等國家和香港、澳門等地區,更於2009年以來連續兩年榮獲「亞洲最具影響力設計大獎」。2011年白金創意獎首度與《Design 360°》雜誌聯手舉辦,邀請該雜誌的總編輯王紹強擔任評委,全程參與。該雜誌對於傳播世界最新設計理念、創意風潮不遺餘力,深受各界肯定。

下飛機Day by Day，愛上舊金山

作　　者　　李朵拉
攝　　影　　李朵拉

總 編 輯　　張芳玲
書系企劃　　taiya旅遊研究室
書系管理　　張焙宜
主責編輯　　張焙宜
封面設計　　許志忠
美術設計　　林惠群‧何仙玲(內頁)、余淑真(地圖)

太雅出版社 編輯部
TEL：(02)2882-0755　　FAX：(02)2882-1500
E-MAIL：taiya@morningstar.com.tw
郵政信箱：台北市郵政53-1291號信箱
太雅網址：http://www.taiya.morningstar.com.tw
購書網址：http://www.morningstar.com.tw
讀者專線：(04)2359-5819 分機230

發 行 所　　太雅出版有限公司
　　　　　　台北市11167劍潭路13號2樓
　　　　　　行政院新聞局局版台業字第五○○四號
印　　刷　　上好印刷股份有限公司　TEL：(04)2315-0280
裝　　訂　　東宏製本有限公司　TEL：(04)2452-2977

初　　版　　西元2015年02月01日
定　　價　　290元
(本書如有破損或缺頁，退換書請寄至：
台中市工業30路1號 太雅出版倉儲部收)

ISBN 978-986-336-062-9
Published by TAIYA Publishing Co.,Ltd.
Printed in Taiwan

國家圖書館出版品預行編目(CIP)資料

下飛機Day by Day,愛上舊金山 / 李朵拉文字.攝影.
　　-- 初版. -- 臺北市：太雅, 2015.02
　　　面；公分. -- (世界主題之旅；601)
　　ISBN 978-986-336-062-9(平裝)

　　1.自助旅行 2.美國舊金山

752.7716　　103024251

(請沿此虛線壓摺)

這次購買的書名是：

下飛機Day by Day，愛上舊金山 (世界主題之旅601)

＊01 姓名：＿＿＿＿＿＿＿＿＿＿＿＿＿＿＿＿＿ 性別：□男 □女

＊02 手機(或市話)：＿＿＿＿＿＿＿＿＿＿＿ 生日：民國＿＿＿＿ 年

＊03 E-Mail：＿＿＿＿＿＿＿＿＿＿＿＿＿＿＿＿＿＿＿＿

＊04 地址：□□□□□ ＿＿＿＿＿＿＿＿＿＿＿＿＿＿＿

05 你對於本書的企畫與內容，有什麼意見嗎？

＿＿＿＿＿＿＿＿＿＿＿＿＿＿＿＿＿＿＿＿＿＿＿＿＿

06 你是否已經帶著本書去旅行了？請分享你的使用心得。

＿＿＿＿＿＿＿＿＿＿＿＿＿＿＿＿＿＿＿＿＿＿＿＿＿

熟年優雅學院 說故事

Aging Gracefully，優雅而睿智地老去，絕對比只想健康地活久一點，更具魅力。熟年優雅學院是太雅推出的全新系列，我們所引見給您的優雅熟年人物，對生命充滿熱情，執著而有紀律地做著他們喜愛的事情。學院會不定期舉辦各項講座與活動，提供輕熟齡、熟齡、樂齡的讀者參加。

01 您是否願意成為熟年優雅學院的會員呢？
　　□願意　　　　□暫時不要

02 您願意將熟年優雅學院的相關資訊分享給朋友嗎？或是推薦3人加入熟年優雅學院？(請徵求友人同意再填寫)

姓名：＿＿＿＿＿ 手機：＿＿＿＿＿＿ E-Mail：＿＿＿＿＿＿＿＿＿＿

姓名：＿＿＿＿＿ 手機：＿＿＿＿＿＿ E-Mail：＿＿＿＿＿＿＿＿＿＿

姓名：＿＿＿＿＿ 手機：＿＿＿＿＿＿ E-Mail：＿＿＿＿＿＿＿＿＿＿

好書品讀，熟年生活

積存時間的生活

微笑帶來幸福

一個人，不老的生活方式

91歲越活越年輕

現在就上網搜尋 ➤ 熟年優雅學院

填表日期：＿＿＿年＿＿＿月＿＿＿日

(請沿此虛線裁剪)

很高興你選擇了太雅出版品，誠摯的邀請您加入太雅俱樂部及熟年優雅學院！將資料填妥寄回或傳真，就能收到最新的訊息！

填問卷，抽好書
(限台灣本島)

凡填妥問卷(星號＊者必填)寄回的讀者，將能收到最新出版的電子報訊息！並有機會獲得太雅的精選套書！每單數月抽出10名幸運讀者，得獎名單將於該月15號公布於太雅部落格。太雅出版社有權利變更獎品的內容，若贈書消息有改變，請以部落格公布的為主。參加活動需寄回函正本始有效(傳真無效)。活動時間為2015/01/01～2015/12/31

好書三選一，請勾選

□ **放眼設計系列**
(共9本，隨機選2本)

□ **遜咖吸血鬼日記1、2**

□ **優雅女人穿搭聖經** (共2本)

太雅部落格
taiya.morningstar.com.tw

太雅愛看書粉絲團
www.facebook.com

| 廣　告　回　信 |
| 台灣北區郵政管理局登記證 |
| 北 台 字 第 1 2 8 9 6 號 |
| 免　貼　郵　票 |

（請沿此虛線壓摺）

太雅出版社 編輯部收

台北郵政53-1291號信箱
電話：(02)2882-0755
傳真：**(02)2882-1500**
(若用傳真回覆，請先放大影印再傳真，謝謝！)

（請沿此虛線壓摺）

太雅

太雅部落格 http://taiya.morningstar.com.tw

有 行 動 力 的 旅 行 ，從 太 雅 出 版 社 開 始

（請沿此虛線裁剪）